ZIGEUNER

Ein Volk aus Feuer und Wind

R. Djurić

ZIGEUNER

Ein Volk aus Feuer und Wind

RVG

RHEINGAUER VERLAGSGESELLSCHAFT

Dosso Dossi: Zauberei (Florenz, Uffizi) (2. Seite)

Redaktion: Ivan Ninić
Graphische Gestaltung: Vlada Djukić
Fotografien: Halim Memet (mit Ausnahme der Seiten: 2, 10, 31, 62, 91, 104, 129)
Deutsche Übersetzung: Ivan Ivanji
Deutsche Bearbeitung durch
ARGO GmbH Baden-Baden
und Eugenie Steiner
Foto-Litho: CLG, Verona
Gesamtherstellung: Verlag »Jugoslavija«, Belgrad
Druck und Bindearbeiten: GZH, Zagreb

ISBN 3. 88102 041 1

INHALT

«Wochin soll ich gehen, wohin aufbrechen? Durch den Wald, oder die großen Landstraßen entlang?»

Einleitung

Die Geschichte der Zigeuner ist die eines andauernden Existenzkampfes; sie legten im Verlaufe der Jahrhunderte einen langen, dornenreichen Weg zurück, der sie in viele Länder führte. Leider ließen sie jedoch keine oder nur geringe Spuren über ihre Wanderungen zurück, und was andere über sie aufzeichneten, ist sehr spärlich, sodaß es kaum schlüssige Beweise über ihre Herkunft und ihre Vergangenheit gibt. Neuere Forschungen haben jedoch ergeben, daß sie aus verschiedenen Gebieten Indiens stammen.

Ihr Schicksal kann mit dem eines jungen Mannes verglichen werden, der auf der Suche nach seinem Glück ziellos durch die Welt irrt, nicht wissend, wohin ihn seine Wege führen würden. So haben auch die Zigeuner manche Irrfahrten hinter sich gebracht, stets auf der Wanderschaft, teils geduldet, teils geächtet, aber stets ihrer Stammeszugehörigkeit bewußt die Traditionen ihrer Vorfahren pflegend.

Die Inder widmeten der Geschichte und den historischen Ereignissen ihres Landes und Volkes bisher keine besondere Aufmerksamkeit. So stellte der arabische Schriftsteller Alberuni zum Beispiel fest, daß sie sehr oberflächlich vorgehen würden, wenn es sich um die Aufzählung der Reihenfolge ihrer Könige ginge. Wenn man sie um eine genaue Schilderung bäte und sie diese nicht geben könnten, würden sie sofort beginnen, Märchen zu erzählen. So sind, wie wir sehen werden, auch die Zigeuner.

Man ist versucht, diese mangelnde Geschichtskenntnis der Inder mit ihrer Weltanschauung, die das Geschehen als eine monotone und qualvolle Umdrehung eines gewaltigen Rades auffasst, zu erklären. Diese Weltanschauung, die auch den Zigeunern eigen ist, hat ihre Wurzel in den gesellschaftlichen und historischen Gegebenheiten, und wo es keine Geschichte gibt, kann es auch kein historisches Bewußtsein geben. Ein »kurzes geschichtliches Gedächtnis« nährt sich meist von Mythen und Legenden, und wenn es diese nicht gäbe, würden die Kulturen der Völker im Wirbel der Zeiten und Unzeiten verschwinden. Andererseits aber kann es für ein Volk zur Gefahr werden, sich einem Mythos ganz unterzuordnen und es kann dadurch sogar seinen Weg in die Zukunft verlieren. Dieser Gefahr haben sich die Zigeuner ausgesetzt, als sie sich den Mythos ihrer eigenen «Verfluchung» zu eigen machten. Aufgrund dieser fast sprichwörtlichen »Verfluchung der Zigeuner« glaubten viele, daß die Antwort auf die Frage ihrer Herkunft bereits in der Bibel stehen müsse. Die Bibel besaß stets eine große Autorität, und das Schicksal und die Lebensweise der Zigeuner ließ sie vielen als Nachfolger Kains erscheinen. Die Zigeuner wirkten wie »Landstreicher und Flüchtlinge«, sie vagabundierten und irrten durch die Lande, waren Musikanten, Fiedler und Schmiede und schienen demzufolge Nachfolger von Juval und Tovel zu sein. Diese im Grunde falsche Vorstellung war die Ursache der Entstehung vieler weiterer Mythen, die dann in Zeiten der Verfolgungen und Massenvernichtungen der Zigeuner als Anlaß und Alibi dienen mußten. Diese Mythen und Legenden leben noch bis zum heutigen Tag weiter, obwohl sie längst wissenschaftlich widerlegt sind.

Andere wiederum, anderen Legenden glaubend, meinen, die Zigeuner seien Ägypter, und in vielen Ländern der Erde nennt man sie auch heute noch so. Wieder andere brachten auch diesen Gedanken mit der Bibel in Verbindung, nämlich mit der Prophezeiung des Propheten Hesekiel: »Und er wird zerstreuen die Ägypter zwischen die Völker und über die Länder, und sie werden erkennen, daß ich der Herr bin« (Buch des Propheten Hesekiel, 30,26).

Der Name »Zigeuner« soll nach Adsinkani im hagyographischen Text über das Leben des Heiligen Georg von Antonios im Kloster Iviron auf Athos im Jahre 1068 erstmals genannt worden sein. Dies ist die erste Erwähnung der Zigeuner im Bereich des

Kulturkreises von Konstantinopel; es könnte sich hier aber auch um den Namen einer ketzerischen Sekte aus Armenien handeln. Da die Zigeuner von Armenien nach Griechenland wanderten wurde dieser Name erstmals auch in Griechenland und dann auch von den übrigen Völkern mit denen sie in Verbindung kamen, für sie angewandt. Außer den Namen «Zigeuner» und «Ägypter» gab es aber auch noch andere Bezeichnungen. So wurden sie in Afghanistan Kauli, in Persien Karaki und Zangi, Dom und Luri, in Turkmenien Multani, in Aserbeidschan Karatschi, in den arabischen Ländern Nur, Navari und Zot, in Ägypten Gaodari, in Frankreich Bohemien usw. genannt. Das authentische Wort Rhom, beziehungsweise Rhoma, wie es die Zigeuner selbst aussprechen, das man doch hätte irgendwo kennen müssen, wurde nirgendwo erwähnt. Diese Bezeichnung bekam erst Ende der Sechziger Jahre unseres Jahrhunderts erneut Auftrieb

←

»Schlaf mein Kind, schlaf. Gute Pferde werden kommen, um dich in die Ferne wegzubringen wo alles blau und grün ist, wo Honig vom Himmel tropft, wo ein Milchfluß fließt«.

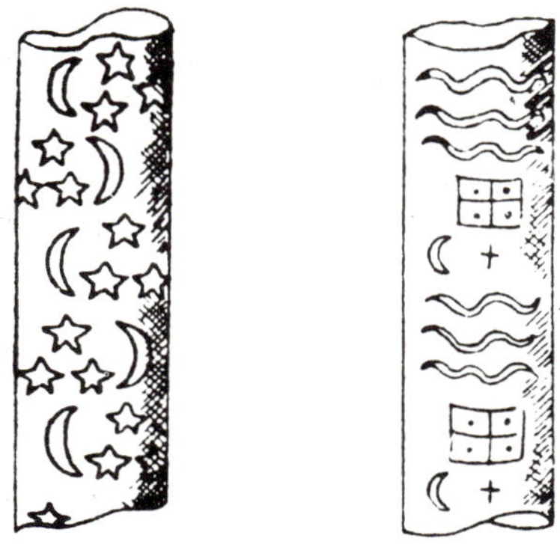

Die Zigeuner tragen Talismane und Glücksbringer. Sie werden um das Handgelenk gebunden, oder am Hals getragen; oft aber im Bekleidungsfutter eingenäht. Auf dem Bilde: ein Teil der eisernen Amuletten eines Zigeunerhäuptlings aus Mitteleuropa (von J. G. Sérazin entdeckt).

Van Gogh: Zigeunerlager (Paris, Jeu de Paume)

Die Zigeuner und das Mahâbhârata

Über dieses Volk, dessen Zukunft erst entstehen soll, wurde, so scheint es, schon in fernster Vergangenheit historisch berichtet. Im Mâhâbhârata, das zwischen dem vierten vorchristlichen und siebten nachchristlichen Jahrhundert entstand, wird im Sabhâparvi im 47. Kapitel erwähnt, daß dem Gründer der Hauptstadt Indrapstha, das in der Nähe des heutigen Delhi gelegen haben soll, dem König Yuhudhisthiri, alle Völker und Stämme Indiens Geschenke darbrachten. Unter anderem wurden hier die Saki, Tukharah, Kankah, Romakah. . . . . erwähnt. Sie alle hatten einen langen, beschwerlichen Weg hinter sich, mit Ladungen von Kleinodien, handgearbeiteten Geschenken, Pfeilen und Waffen, die sie dem König darbrachten. Um welche Völker handelte es sich hier? Die Saki oder Schaki sind ein Volk aus dem Nordwesten Indiens; die Tukharah sind aus der gleichnamigen Gegend und bekannt als Züchter edler, reinrassiger Pferde; die Kankah sind ein Stamm aus dem Geblüt der Yâdava, von denen, wie es heißt, die Zoten und jene Zigeuner, die später in einigen arabischen Ländern angesiedelt waren, abstammen. Diese Erklärungen sind im Buch von Monier Williams «A Sanskrit — English Dictionary» auf den Seiten 271, 449 und 1045 enthalten. Und wer sind nun die Romakah (Romakaschi oder Romasci, wie dies verschiedentlich ausgesprochen wird)?

Es heißt, dies sei ein Stamm oder Volk gewesen, dessen Angehörige lange Haare und große Bärte getragen hätten; es seien «haarige», «behaarte» Menschen gewesen. Genau diese Bedeutung hat aber das Wort «roma» im Sanskrit, ebenso wie die spätere Form dieses Wortes — «loma». Unter dem Namen Loma aber traten die Zigeuner in Armenien auf.

Das Volk des Namens Roma oder Roman wird auch im Vishnu-purana erwähnt. Allerdings gibt es, außer dieser Erwähnung selbst, keinerlei nähere oder bestimmte Beschreibungen. Doch wenn die Zigeuner ein Volk aus Indien sind — und es gibt außer ihnen kein anderes Volk mit dem Namen Roma — muß man sich fragen, warum diese Belege aus dem Mahâbhârata und der Vishnu-purana von der Wissenschaft nicht erwähnt werden, obwohl diese Tatsache von den Sprachwissenschaftlern, unter denen es viele Indologen gibt, längst anerkannt ist.

Vermutlich haben sich die Wissenschaftler gar nicht für die Herkunft des Wortes Rom, wie sich die Zigeuner selber bezeichnen, interessiert, sondern sie haben sich damit zufrieden gegeben, lediglich das Wort als solches festzustellen, beziehungsweise die Bedeutung zu erklären, die es in der Sprache der Zigeuner hat. Erst später stellte Alexander Paspati die Hypothese auf, daß das Wort «Rom» von «Râma» abstammt und Jan Kohanovski, ein zeitgenössischer Romologe, geht davon aus, daß die Zigeuner Romi, «Abkömmlinge des Râm» seien.

In neuerer Zeit haben sich auch indische Wissenschaftler für die Herkunft der Zigeuner interessiert und ihre Meinung in der Zeitschrift «Der Zigeuner» dargelegt. W. R. Rishi führte in einem Artikel über die Etymologie des Wortes «Rom» die entsprechende Bezeichnung aus der Pandschabi-Sprache an: Ramtâ Râm (derjenige, der immerzu herumirrt). Wie er weiter ausführt, hat das Zeitwort «virâma» im Sanskrit die gleiche Bedeutung. Mit Hilfe dieser Worte versuchte Rishi, die Herkunft und Bedeutung des Wortes Rom zu erklären. Dies ist, so meinte er, der Name eines Volkes, das keinen ständigen Wohnort habe. Diese Meinung scheint zu bestätigen, daß der Sohn des Königs Dasharatha den Namen Râma bekam, weil er dazu ausersehen war, verbannt zu werden und vierzehn Jahre im Walde zu verbringen.

Herkunft und Bedeutung des Namens Rom

Das Wort «Rom» als Bezeichnung einer ethnischen Zugehörigkeit bedeutet außerdem noch «Mann» oder «Gemahl». Es bezeichnet jedoch nicht jeden Mann oder Gemahl, ist also kein begrifflicher Ausdruck, sondern bezieht sich nur auf elnen Angehörigen der Gemeinschaft der Romi, also auf einen Zigeuner. Das Bewußtsein des Namens ist also gleichzeitig das Bewußtsein der Gemeinschaft. Die Gemeinschaft ermöglicht und sichert die materielle, biologische und geistige Reproduktion des Menschen. Ein Angehöriger einer Gemeinschaft fühlt sich nur in dieser als Mensch, auch wenn die Sitten und Lebensregeln in dieser Gemeinschaft rauh sein mögen. In ihr findet er seinen Freund, seinen Kameraden, seine Ehegefährtin. . . . .
Diejenigen, die zwar zur Gemeinschaft der Zigeuner gehören, aber keine Romi sind, nennen die Romi «Dass». Die Dasa oder Dasys waren die Ureinwohner Indiens, Menschen von schwarzer Hautfarbe, gegen die die hellhäutigen Inder, die im oberen Gebiet des Indus und im Pandschab angesiedelt waren, einen gnadenlosen Kampf führten. In den alten Sprachen des Iran bezeichnet das Wort Dashya Gebiete des iranischen Staates, also Länder der Ureinwohner, die von den Ariern bezwugen wurden. Auf Sanskrit war ein Dasa ein Feind, ein Barbare, ein Wilder, ein Sklave, ein Diener usw. (In der Mythologie werden unter diesem Namen Dämonen und die Feinde Indras erwähnt.)

Dies, sowie auch die gleichbedeutende Bezeichnung Gadscho, zeugen von dem Bewußtsein und dem Standpunkt der Romi anderen gegenüber. So ähnlich wie zum Beispiel die Juden und Griechen haben nämlich auch die Romi andere Völker für Barbaren gehalten.
John Sempson meint, daß dieser Name seine Wurzeln im Wort des Sanskrit «Garhia» (auf Prakrit Gajjha) habe, das die domestizierte Bevölkerung bezeichne. Andere, wie zum Beispiel Dr. Anirudh Joshi, bringen diesen Namen mit dem Gebiet Ghazni in Afghanistan in Zusammenhang, über das der Sultan Mahmud (990—1030) herrschte. Dieser Sultan führte mehr also 70 Plünderungszüge gegen Nordindien und brachte den größten Teil der Gegend, aus der die Zigeuner stammen, unter seine Herrschaft. Dies war jedoch, bevor die erste Kunde von den Zigeunern überliefert ist und es ist auch wichtig zu erwähnen, daß die Zigeuner auf diese Weise auch das Gebiet Khorassan im östlichen Persien kennenlernten, wovon bis zum heutigen Tage die Bezeichnungen Horahaj oder Horaj zeugen, mit denen sie die Türken und mohammedanischen Völker bezeichnen. Auf der Sprache der Romi beruht auch die Bezeichnung Gomno (m.) bzw. Gomni (w.). und Balamno (m.) bzw. Balamni (w.) für Fremde, Fremdgläubige. In Sanskrit und den indischen Sprachen beginnen viele Worte mit «Go» und «bala», was «mächtig», «kräftig» bedeutet. Die Gomno sind meist Bauern, Hirten, die Balamno aber Herren, Bewohner von Städten.
Unterschiedlich sind auch die Worte, mit denen die Kinder der Romi und der Nicht-Romi bezeichnet werden. Die Bezeichnung der männlichen Kinder ist Tschhavre (weiblich Tschhorha), während Kinder, die keine Romi sind, Rakle beziehungsweise Rakla genannt werden. Beide Bezeichnungen sind indischer Herkunft, nur haben diese Bezeichnungen in anderen indischen Sprachen nicht eine solch differenzierte Bedeutung wie bei den Romi.
Auf Grund dieser Bezeichnungen und der Sprache ist es möglich, eine Vorstellung von der zigeunerischen Auffassung der Gemeinschaft und ihrem sozial-ethischen

Verständnis zu gewinnen. In dieser Auffassung entdecken wir auch Merkmale eines Kasten-Denkens mit bestimmten Kasten und Unterkasten, zu denen ganz bestimmt auch die Romi gehörten, obwohl es nicht mehr möglich ist festzustellen, zu welchen sie zuzurechnen sind. Wenn man die Stämme und die einzelnen Dialekte beobachtet, kann man noch gewisse Spuren finden; ebenso geben die Beziehungen zwischen einzelnen Stämmen oder Gruppen mancherlei Hinweise. Ganz gewiß sind nicht alle Zigeunerstämme arischer Herkunft; die Anthropologen haben neben ausgesprochen arischen Zügen bei den Zigeunern Merkmale von dravidischen und zu einem gewissen Teil auch mongolischen Zügen festgestellt. Dies stimmt jedoch durchaus mit der indischen Wirklichkeit überein, wo außer der arischen auch die dravidische und in kleinem Ausmaß auch die mongolische Rasse vertreten ist.
Die indischen Bezeichnungen, unter denen die Zigeuner in den einzelnen Ländern auftraten, beweisen ebenfalls ihre Herkunft. So sind zum Beispiel die Zigeunergruppe der Domi indische Dôm. Die Dôm sind dravidischer Herkunft und Angehörige der niedrigsten Kaste in Indien. Von dieser Tatsache gingen gewisse Wissenschaftler aus und vertraten die Meinung, daß alle Zigeunr von den Dôm abstammen. Sie setzen die Romi, die Zigeuner, mit den Dôm gleich, die, wie wir aus der Sanskrit-Literatur ersehen, wie die Zigeuner von Gesang und Tanz lebten. Der bekannte Linguist Grierson zählt die Dôm zu der indischen Zigeunergemeinschaft, die seiner Meinung nach aus zwei Gruppen besteht. Zu der ersten gehören die Bêldari, Bhantî, Lâdi, Ôdki und Pendhâri, zur anderen die Dôm, Gârodî, Gulgiliâ, Kanjarî, Kôlhatî, Malar, Myânwale, Natî, Qasâî, Sâsî und Sikalgârî. Dieser Wissenschaftler erwähnt auch die Rasse der Bandsha, die sich mit der Gruppe aus dem Pandschab der Aktion der Zigeuner angeschlossen hatte und sich als Teil der Zigeunergemeinschaft fühlt. (Über die Zigeuner in Indien wird in einem besonderen Kapitel die Rede sein.)

Die nächste Bezeichnung ist Luri (Luli). Unter diesem Namen werden sie im Buch der Könige (Shâh-Námah) erwähnt, das der berühmte persische Dichter Firdusi geschrieben hat. Wie es darin heißt, bemerkte etwa im Jahre 420 vor Christus Bahrâm Gûr, ein weiser, gütiger Herrscher aus der Dynastie der Saniden, daß seine ärmeren Untertanen darunter litten, daß sie keine Unterhaltung hätten. Darüber nachdenkend, wie er sie belustigen und unterhalten könne, entsandte er eine Gesandtschaft zu Shankala, dem König von Kambodscha und zum indischen Maharadscha; er bat sie, unter ihren Untertanen Menschen auszuwählen, die den anderen die Last des Lebens erleichtern und Freude in die Monotonie ihrer Arbeit bringen könnten. Bald empfing Bahram zwölftausend Sänger und Musikanten, Männer und Frauen. Er wies ihnen Land zu und versorgte sie mit Getreide und Saatgut, damit sie etwas zum Leben hätten und sein Volk ohne Entgelt unterhalten könnten.
Nach einigen Jahren vernachlässigten diese Menschen jedoch die Landarbeit. Sie hatten keinen Samen für die Aussaat mehr und wurden mittellos. Bahram zürnte und befahl ihnen, sie mögen ihre Musikinstrumente nehmen und auf Eseln durch das Land reisen, um singend und musizierend ihren Unterhalt zu verdienen. Deshalb irren die Luri auf der Suche nach Nahrung noch heute durch die Welt; sie führen Hunde mit sich und stehlen, wo immer sie hinkommen.
Diese Legende bestätigt der arabische Historiker al Ishfani im Jahre 940, also noch bevor Firdusi sie gestaltet hatte. Außerdem gibt es im Iran auch heute noch das weite Gebiet Luristan, das gemeinsam mit anderen Völkergruppen von Zigeunern bewohnt wird.
Die Zigeuner werden unter dem Namen Luri und Nuri auch in Reisebeschreibungen erwähnt. In der Sowjetunion sind die Luri eine Zigeunergruppe, die aus den Stämmen Dshugi, Multani, Mazang und Tavoktarosch zusammengesetzt ist.
Welcher Kaste gehören nun die Luri an? Im Wörterbuch von Baludschi steht, daß die Luri eine niedrige Kaste waren, die sich mit artistischen und anderen Künsten beschäftigte. Solche Künste haben in der arabischen Sprache die Bezeichnung Nuri.
Und wer sind nun die Zoti? Kann man feststellen, zu welcher Kaste sie gehörten? Zat ist die arabisierte indische Bezeichnung Dschat; dies ist ein Stamm, der aus

In der »Šuto Orizari« Ansiedlung in Skoplje leben beinahe 30 000 Zigeuner. Sie haben ihre Sprache und Sitten bewahrt. Ihre kultur-künstlerische Gesellschaft «Pralipe» («Bruderschaft») ist in ganz Jugoslawien als auch im Ausland bekannt, da sie an vielen internationalen Festspielen teilgenommen hat. Auf dem Bilde: eine Gruppe junger Mädchen und Männer bei einer Festveranstaltung.

Yâdava stammt und bereits im Mahâbhârata erwähnt wird. Aufgrund der Überlieferungen (der Purana-Tradition) sind die Dschati die Nachkommen von Brahmanen und Nicht-Brahmanen, also auch Mischehen stammende. Mestizen. Die Dschati sind vor allem Landarbeiter, jedoch beschäftigen sie sich auch noch mit vielen anderen Dingen.
Und endlich ist da die Bezeichnung Sinti. Die Sinti leben in Deutschland, Italien und auf der griechischen Insel Lemnos. In dieser Bezeichnung steckt der Name des Gebietes Sindh, woraus man schließen kann, woher dieser Stamm vermutlich kam, sicher ist dies jedoch nicht. In Frankreich werden die Sinti Manuscha genannt, was in der Zigeunersprache «Mensch» bedeutet. (In Sanskrit heißt Manus — der Mensch). Diese Bedeutung haben bekanntlich auch die Namen anderer Völker und Stämme. So nennen sich die Eskimos zum Beispiel Inuit (Menschen); weiterhin bedeutet der Name des kleinen hyperboräischen Stammes Ainu im nordöstlichen Asien ebenfalls Mensch.

Die Sprache

Es ist eine heute schon allgemein anerkannte Tatsache, daß das Tor jeder Kultur mit dem Schlüssel ihrer Sprache geöffnet werden kann. Dies erwies sich auch im Falle der Zigeuner als wissenschaftlich richtig und aufschlußreich.

Die ersten Untersuchungen über die Herkunft der Zigeuner und das Interesse für ihre Sprache tauchten im 16. Jahrhundert auf. Aufgrund der zu Verfügung stehenden Dokumente hat der Engländer Andrew Borde als erster eine Anzahl von Worten und Sätzen der Zigeuner aufgezeichnet und in die englische Sprache übersetzt. Fünfzig Jahre später, 1597, richtete Bonaventura Vulkanius, Professor der griechischen Sprache in Leyden, seine Aufmerksamkeit auf die Sprache der Zigeuner. In dem kleinen Buch «De litteris et lingua Getarum seu Gothorum» veröffentlichte er etwa siebzig ihrer Worte, jedoch konnten weder er noch Borde die Herkunft der Zigeunersprache feststellen. Sie waren überzeugt, daß die Zigeuner aus Ägypten stammten, beziehungsweise daß ihre Sprache ein Gemisch aus der ägyptischen und anderen Sprachen sei.

Die Braut übernimmt drei Laib Brot und ein Sieb. Ein Laib Brot und das Sieb trägt sie auf ihrem Kopf, die anderen zwei unter den Armen. In jeder Hand hält sie eine angezündete Tagelkerze, und wenn sie die Hausschwelle erreicht, nimmt sie eine Tasse Rinderschmalz und beschmiert die Schwelle. Auf dem Bilde: Braut mit Brot und Sieb auf dem Kopf, von Schwiegermutter und Bräutigam begleitet.

Später haben sich auch andere Wissenschaftler für die Sprache der Zigeuner interessiert, wie etwa Hiob Ludolfi und Charles Etienne Jurden. Aus dieser Zeit stammt auch das erste Wörterbuch der Zigeunersprache, dessen Autor unbekannt ist. Erst im Jahre 1754 jedoch, stellte Jakob Karl Christof Rüdiger aufgrund der Erforschung der Sprache der Zigeuner die Hypothese auf, daß die Zigeuner indischer Herkunft seien. Mittels eines Vergleichs der Zigeunersprache mit der hindustanischen Sprache vermutete Rüdiger, daß die Zigeuner aus dem östlichen Indien gekommen waren. Diese Vermutung vertraute Rüdiger Hartwig Backmeister an. Nach etlichen Untersuchungen teilte Backmeister mit, daß die Zigeuner aus dem Gebiet Multan gekommen seien (dieses Gebiet gehörte damals zu Afghanistan), wo die Sprache Lahnda (west-pandschabisch) gesprochen werde. Diese Sprache gehört zur Gruppe der indo-arischen Sprachen.

Ein viel größeres Echo in der Öffentlichkeit erreichte jedoch eine Zeitungsnotiz, die am 6. November 1765 in einer Wiener Zeitung veröffentlicht wurde. Sie berichtete von einer Entdeckung, die von dem protestantischen Priester Stepan Vali gemacht worden war.

«Als der protestantische Priester Stepan Vali aus Almasch in der Grafschaft Komor in Leyden studierte, lernte er dort einige Malabaren kennen. Drei von ihnen waren gezwungen, ständig in dieser Stadt zu studieren, weil sie nicht eher in ihr Land zurückkehren durften, bevor sie von drei anderen Landsleuten abgelöst würden. Als Stepan Vali bemerkte, daß ihre Sprache viele Ähnlichkeiten mit der Sprache der Bohemiens aufwies, benützte er die Gelegenheit und schrieb etwa tausend Worte so auf, wie sie ihm die drei diktierten. Sie überzeugten ihn davon, daß es auf ihrer Insel ein Gebiet gäbe, das man Czigania nenne (im Süden von Tabrazon gibt es eine Gegend, die Berg der Zigana heißt). Vali erkundigte sich nach seiner Rückkehr von der Universität bei ungarischen Zigeunern nach der Bedeutung der malabarischen Worte, und sie konnten ihm diese ohne jede Schwierigkeit erläutern».

Aufgrund dessen vertreten viele Wissenschaftler die Meinung, Vali habe als erster die indische Herkunft der Zigeuner entdeckt, während zum Beispiel Schwiecker behauptet, dies sei ein Verdienst von Rüdiger. Es besteht jedoch kein Zweifel darüber, daß erst Heinrich Moritz Gottlieb Grellmann die wesentlichen Beweise erbrachte, daß die Zigeuner indischer Herkunft sind. In der Abhandlung «*Die Zigeuner*». «*Ein historischer Versuch über die Lebensart und Verfassung, Sitten und Schicksale dieses Volkes in Europa, nebst ihrem Ursprung*» kam Grellmann aufgrund des Wörterbuchs und grammatikalischer Ähnlichkeiten der Zigeunersprache mit der hindustanischen Sprache, sowie auch aufgrund physischer Eigenschaften und Sitten der Zigeuner zum Schluß, daß die Zigeuner aus Hindustan stammen und in Indien zur Kaste der Schudra gehörten.

Diese Untersuchungen wurden von Anton J. Puchmayer, Alfred Grafunder, Ferdinand Bischof, Karl von Heister und dem Missionar George Borrow, Autor eines bedeutenden Werkes über die spanischen Zigeuner, fortgesetzt und vertieft, sowie von Friedrich Pott, der ein umfassendes und originelles Werk «*Die Zigeuner in Europa und Asien*» schrieb. Aufgrund aller bisherigen Untersuchungen kam Pott zum Schluß, daß die Zigeunersprache einen der jüngeren indischen Dialekte darstelle. Aufgrund ihrer Lexika und Grammatik weise sie die größte Ähnlichkeit mit der hindustanischen und der Urdu-Sprache auf, sei aber auch weitläufig mit dem Sanskrit verwandt.

Aufgrund eines systematischen Studiums der Zigeunersprache meinte der bedeutende Linguist Franz Miklošič, daß sie vor allem durch ihre phonetischen Eigenschaften den Dardu-Sprachen am nächsten komme, also den Sprachen des Hindukusch und Kaschmirs.

Über die Zigeuner und ihre Sprache schrieben später auch viele andere Wissenschaftler, deren Werke in der bekannten Zeitschrift «*The Gypsy Lore Society*» (gegründet im Jahre 1888) veröffentlicht wurden beziehungsweise als selbständige Bücher erschienen. Unter diesen Werken nimmt das Buch von Alexander Paspatia, «*Etudes sur les Tchingianés ou Bohémiens de l'Empire Ottoman*», das 1870 in Konstantinopel erschien, einen wichtigen Platz ein.

Seit 1970 beschäftigen sich auch Linguisten in Indien mit dieser Materie. In Tschandigar,

der Hauptstadt des Pandschab, gibt es ein Institut für Zigeunerforschung. Dieses Institut gibt die Zeitschrift «*Roma*» heraus, und der Leiter des Instituts, W. R. Rishi, schrieb ein «*Multilingual romani dictionary*», sowie eine Studie unter dem Titel *Roma*.
Was kann nun aufgrund dieser Forschungen über die Zigeunersprache gesagt werden? Die Zigeunersprache — rhomani tschib — ist entfernt mit dem Sanskrit verwandt, aber auch mit vielen anderen neuindischen Sprachen und Dialekten; sie entwickelte sich aus der mittelindischen Sprache Prakrta. Die neuesten Forschungen weisen darauf hin, daß die Zigeunersprache die größten Ähnlichkeiten mit der Hindi-Sprache im Radschastan und der Pandschabi-Sprache im oberen Gebiet des Indus aufweist, denen wiederum Gudscharati im Gudscharet und Marathi in Maharaschtri im Hinterland von Bombay ähnlich sind. Wie festgestellt wurde, gibt es in der Zigeunersprache Leihworte aus der persischen und armenischen, sowie aus der griechischen, rumänischen und aus slawischen Sprachen. Später kam die Zigeunersprache auch noch unter den Einfluß weiterer Sprachen, je nach dem Lande und dem Sprachgebiet, in welchem die betreffenden Zigeuner lebten.
Die Zigeunersprache ist eine mündlich überlieferte Sprache. Beim Lesen dieses Buches sollte man auch nicht vergessen, daß die Sammlung des Sprachmaterials und seine Analyse erst im achtzehnten Jahrhundert begann. Bis zu dieser Zeit verbrachten die Zigeuner mehr als sieben Jahrhunderte außerhalb ihres ursprünglichen Heimatlandes, eines Landes, das sich gewaltig von anderen Ländern unterscheidet. Diese Unterschiede, angefangen vom Klima, der Flora und Fauna, bis zu Sitten, Gebräuchen, Religion und Weltanschauung mußten auch bestimmte Veränderungen der Sprache hervorrufen. Die größten Veränderungen der Zigeunersprache wurden jedoch durch soziale und historische Faktoren verursacht. Dennoch können die Zigeuner, trotz aller Umwandlungen, noch immer miteinander verkehren. Dies zeigte sich auch bei dem zweiten Kongress der Zigeuner in Genf, bei dem die Zigeunersprache Amtssprache war.
Laute und Schrift. Alle Dialekte der Zigeunersprache enthalten die Laute a, b, c, č, čh, d, dž, e, f, g, h, x (hak), i, j, k, kh, l, m, n, o, p, ph, r, rh, s, š, t, th, u, v, z. Die übrigen Laute, die charakteristisch für die einzelnen Dialekte sind, stammen meistens aus der Sprache jenes Gebietes, in dem die Zigeuner leben. Franz Miklošič konnte aufgrund des sprachwissenschaftlichen Materials aller Länder, in denen Zigeuner leben, beweisen, daß die Grundlage der Zigeunersprache im Altindischen beziehungsweise im Sanskrit liegt. Miklošič hat Worte analysiert, die die Vokale **a, e, o** enthalten, deren Grundlage das **a** im Altindischen ist; weiterhin das **i**, das dem **i**, **ī** aus dem Sanskrit entspricht; das **u**, das auf dem **u**, **û**, **o**, **r**, **i** beruht, sowie die Konsonantengruppen **r**, **t**, **p**, **k**, **s**, **č**.
Miklošič hat bei dieser Gelegenheit eine große Anzahl von Worten aus dem Sanskrit und der Hindi-Sprache angeführt, die mit den gleichbedeutenden Worten der Zigeunersprache identisch oder ähnlich sind. Hiervon kann man sich auch aufgrund der Studien vieler Romologen, sowie mittels der Wörterbücher, von denen die vollkommensten diejenigen von Wolf und Rishi sind, überzeugen.
Eine bedeutende Anzahl von Worten stammt aus dem Rumänischen, den slawischen und anderen Sprachen. Aufgrund der Lexika ist es möglich, die Wanderungen der Zigeuner, die Zeit ihres Kommens und Aufenthaltes in den einzelnen Ländern wenigstens andeutungsweise festzustellen. Außerdem können Lehnwörter in der Zigeunersprache und auch die Zigeunersprache selbst als Grundlage für sozio-linguistische Forschungen dienen.

Die Mythen

Ein Mythos ist eine Götter- oder Heldensage aus urgeschichtlicher Vorzeit, die aus der naiven, ursprünglichen Sicht eines Volkes geboren wird. Sie isr eine Deutung der Lebensvorgänge der Welt und ihrer Entstehung. Ein Mythos ist die Geschichte vom «Anfang», davon, wie etwas durch das Wirken übernatürlicher Wesen «erschaffen» wurde. Die Mythen sprechen von der Schöpfung der Welt, dem Entstehen des Menschen, der Sünde, der Quelle des Todes, können aber auch Mitteilungen über die Entstehung einzelner Teile der Natur enthalten, wie die einer Insel, einer Pflanzenart, eines Tieres usw. Wie Mircea Eliade behauptet, tragen die Mythen aber nicht nur vor was geschah, sondern sie sagen auch voraus, was in der Zukunft geschehen wird. Die Schöpfung liegt also nicht nur in der mythischen Vergangenheit, sondern auch in ihrer Zukunft. Dieser Grundgedanke findet sich, wie wir sehen werden, auch in den Mythen der Zigeuner.
Wie Wislocki aufzeichnete, gab es beim zigeunerischen Mythos vor der Schöpfung der Welt nur Wasser. Doch dann kam Gott auf den Gedanken, die Welt zu erschaffen. «Er wußte nicht wie, beziehungsweise was für eine Welt er machen solle. Und er war

Die Pumphosen haben sich noch bei den Zigeunern moslemischen Glaubens erhalten. Die anderen kleiden sich wie die restliche Bevölkerung der Länder welche sie bewohnen. Nur die Frauen der Kaldaraschis sind der traditionellen Tracht treu geblieben.

Hochzeitsreigen festlich gekleideter junger Zigeunerinnen. Skoplje (Jugoslawien).

erzürnt, weil er keinen Bruder und keinen Freund hatte. Er warf zornig seinen Stock in das große Wasser. Da sah er, daß sein Stock ein großer Baum geworden war, und unter dem Baum saß der Teufel, der lächelnd sprach: «Guten Tag, mein guter Bruder! Du hast keinen Bruder und keinen Freund; ich will dir ein Bruder und Freund sein!» Gott freute sich und sagte: «Mein Bruder nicht, sondern nur mein Freund sollst Du sein, denn ich darf keinen Bruder haben».
Neun Tage lang waren sie zusammen und fuhren auf dem großen Wasser umher, und Gott sah, daß der Teufel ihn nicht mochte. Einmal sagte der Teufel: «Mein guter Bruder! Wir beide leben schlecht, es müßten unserer mehr sein! Laß mich noch andere erschaffen!»
«Erschaffe dann auch andere», sagte Gott.
«Aber ich kann nicht,» erwiderte der Teufel. «Ich würde schon eine Welt erschaffen, eine große, aber ich kann nicht, mein lieber Bruder!»
«Gut!», so sprach Gott. «Ich will eine Welt erschaffen. Tauche unter in das große Wasser, und hole mir Sand; aus dem Sand will ich eine Erde machen».
Da fragte der Teufel: «Wie willst du aus dem Sande eine Erde machen? Ich verstehe das nicht!»
Gott aber erwiderte: «Ich spreche nur meinen Namen aus, und aus dem Sand wird die Erde! Geh und bringe mir Sand!»
Der Teufel tauchte und dachte, er selber werde die Welt erschaffen, und als er Sand hatte, nannte er seinen eigenen Namen. Doch der Sand verbrannte ihm die Finger und er mußte ihn wegwerfen. Als er ohne Sand zu Gott kam, sagte er:
«Ich kann keinen Sand finden!».
Gott aber sprach: «Geh nur und hole Sand»!
Neun Tage lang holte der Teufel Sand und sagte dabei immer wieder seinen Namen, doch der Sand brannte nur und er mußte ihn wegwerfen. So heiß war der Sand, daß der Teufel ganz und gar verbrannte und am neunten Tag schon ganz schwarz war. So kam er zu Gott, und dieser sagte: «Du bist schwarz geworden. Du bist ein schlechter Freund. Geh, hole Sand, aber sage dabei nicht deinen eigenen Namen, denn sonst wirst du ganz verbrennen».
So ging der Teufel abermals und brachte endlich Sand. Da machte Gott daraus die Erde und der Teufel freute sich sehr und sprach: «Hier, unter diesem großen Baum wohne ich, und du, mein lieber Bruder, du suche dir eine andere Wohnung!»
Da zürnte Gott und rief: «Du bist ein sehr schlechter Freund! Ich brauche dich nicht! Geh weg!»
Und dann kam ein großer Stier und trug den Teufel mit sich fort. Und vom großen Baum fiel Fleisch auf die Erde, und aus den Blättern des Baumes sprangen Menschen heraus. So erschuf Gott unsere Welt und die Menschen . . . . .».
Wislocki verglich diesen Mythos nicht mit den Mythen anderer Völker. Das Wasser ist zwar der Uranfang in vielen Kosmogonien der Welt; auch die brahmanischen und griechischen Philosophen lehrten, daß «das Wasser das Urding sei, aus dem die Erde entstand». Mit dem eben Erzählten weisen jedoch manche indische Überlieferungen eine bemerkenswerte Ähnlichkeit auf. Eine dieser Überlieferungen lautet:
«Am Anfang bestand die Welt aus Meer, aus Wasser. Darüber hinweg bewegte sich Pradschapati, vom Winde getragen. Einmal sah er ein Lotosblatt auf dem Wasser. Er meinte: «Da muß etwas sein, worauf das Blatt steht». Und da sah er die Erde. Er verwandelte sich in einen Eber, und begann in der Erde zu wühlen. Er streute sie über das Lotosblatt und befestigte sie mit Steinen».
Doch Pradschapati ist nicht nur der Schöpfer der Welt, sondern auch der der Götter und ihrer Gegner, der Asura, der Dämonen.
Zum Vergleich mit der indischen Überlieferung ist es von außerordentlicher Bedeutung, daß am Ende des Mythos der Stier erscheint, der den Teufel «wegschafft». In der indischen Mythologie erscheinen Mitra und Varuna in der Gestalt des Stieres und kämpfen gegen Dämonen, was übrigens auch für die Mythologien anderer Völker charakteristisch ist, zum Beispiel Hap oder Apis in Ägypten. Ansonsten ist der Dualismus,

der sich durch diesen Mythos bemerkbar macht, höchst charakteristisch für die Religion und den Glauben der Zigeuner. Daran haben, wie es scheint, die persischen Überlieferungen und die Religion Zarathustras mitgewirkt. Es scheint, als ob man in einem anderen Mythos der Zigeuner, den Wislocki in dem genannten Buch unter dem Titel «der Baum, der allerlei Samen trug» veröffentlicht hatte, den indischen Mythos über die Feige einerseits, und das Gespräch zwischen Utnapischtim und Gilgamesch andererseits erkennen könne. So wie nämlich die Götter in diesem Mythos alle Säfte aus den Bäumen, die zu den Asuras übergelaufen waren, in die Feige hineingetan hatten — denn nur sie war auf der Seite der Götter geblieben — so vereinigt auch dieser «wundersame Baum» alle Macht der heiligen Pflanzen und Kräuter. Es heißt jedoch in diesem Mythos, daß «der Baum unter dem Wasser wachse», so also, wie Utnapischtim Gilgamesch beim Abschied sagt: «Es gibt ein Gewächs, das unter dem Wasser gedeiht, dornig wie die Rose. Es wird dir die Hand zerstechen, doch gelingt es dir, seine Frucht zu pflücken, hältst du alles in der Hand, was dem Menschen seine verlorene Jugend wiedergibt».
Beim Mythos der Zigeuner ist dieser Baum von einem Blitz umgürtet. Wem es gelingt, an ihn heranzutreten, gewinnt eine wundersame Macht und beherrscht die Kunst, die übernatürlichen Kräfte der Pflanzen zu nützen.
Ein anderer Mythos, den außer Wislocki auch noch J. Bloch, Kleber und andere erwähnen, besagt, daß Himmel und Erde in ferner Vergangenheit «zusammen lebten». Sie hatten fünf Kinder; das waren der Mond, das Feuer, der Nebel, die Sonne und der Wind. Die Kinder vertrugen sich untereinander nicht, und um sie zur Vernunft zu bringen, beschlossen Erde und Himmel, einen Raum zwischen sich zu schaffen, um sie in diesem einzusperren. Dies erzürnte jedoch die Kinder, und so beschlossen sie, in die Welt zu gehen und eigene Schlösser zu bauen. Zuerst versuchte König Sonne, sich auf die Mutter zu werfen und sie vom Himmel zu reißen; dies gelang ihm jedoch nicht. Den gleichen Mißerfolg erlebte auch der Mond, und auch der Wind und der Nebel blieben erfolglos. Erst als sich König Wind mit aller Kraft, deren er fähig war, auf die Mutter warf, trennte sich der Himmel von der Erde. Doch dann fingen die Söhne an darüber zu streiten, wer bei der Mutter bleiben und wer dem Vater folgen würde. Der Streit dauerte so lange, bis die Mutter Erde sprach: «Du, König Sonne, und du, König Wind, und auch du, König Mond, ihr habt mich angegriffen. Hebt euch hinweg! Doch du, Königin Nebel, und du, Königin Feuer, ihr habt mir nichts Übles angetan, so bleibt ihr bei mir».
Seit dieser Zeit, so lautet die Überlieferung, sind Himmel und Erde getrennt, und ihre Kinder liegen in ewigem Streit. Es scheint, daß in diesem Mythos auch einiges zum Ausdruck kommt, was sich in manchen Rätseln wiederfindet, über die später noch gesprochen wird. Eines dieser Rätsel lautet: «Wer schreitet über den Rücken des Vaters und wärmt die Mutter?» (Die Sonne).
Interessant sind auch die Mythen über die Entstehung des Menschen. Der bekannteste ist folgender:
«Eines Tages beschloß Gott, den Menschen zu erschaffen. Er nahm Schlamm, machte ein Standbild und tat es in einen Topf, um es zu brennen. Hernach ging er spazieren und vergaß sein Werk. Als er zurückkam, war der Mensch verbrannt und schwarz geworden; er wurde der Vorfahre der Neger Gott begann von neuem, aber aus Angst, das Standbild könne wieder schwarz werden, nahm er den Deckel des Topfes zu früh ab. Dieser Mensch war noch ganz weiß, er war noch nicht fertiggebrannt. Dann tat Gott sein Werk ein drittes Mal ins Feuer und gewann so den schönsten Menschen; er hatte eine bräunliche Farbe, strahlend wie Gold; dies war der Vorfahre der Zigeuner».
Neben diesem soeben beschriebenen Mythos gibt es noch einen anderen von der Erschaffung des Menschen, auf den sich Kleber in seinem Buch beruft. Bei diesem Mythos waren auf der Erde anfangs nur Phuro del (der alte Gott) und der Teufel. Sie begannen einen Wettkampf, den der Teufel anführte. Er nahm Schlamm und machte daraus den Menschen; dieser Mensch war jedoch leblos. Der Teufel fragte Gott, ob er ihm Leben einflößen könne, was Gott bejahte. Er tat es und so entstand der erste

Mensch. Der Mensch war aber allein, und so bat er Gott, ihm einen Gespielen zu verschaffen. Gott tat auch dies und bestimmte, daß sie ein Jahrhundert lang leben könnten. Als das Jahrhundert um war, fragte Gott: «Habt ihr genug?» «Es war zu kurz», antworteten sie. Gott gestattete dann, daß sie noch ein zweites Jahrhundert leben dürften. Als er sie aber zum zweiten Mal fragte, ob es genug wäre, und sie ihm wieder antworteten, daß die Zeit nicht ausreiche, wurde er böse und sagte: «Wenn euch zwei Jahrhunderte zu wenig sind, so werdet ihr in Zukunft nur ein Jahrhundert lang leben».

Einem anderen Mythos zufolge konnten die Menschen wieder auferstehen. Einst jedoch starb ein Mann, der zwei Schwestern hatte. Sie jammerten Tag und Nacht nach ihrem verstorbenen Bruder. Als ein Jahr vergangen und es an der Zeit war, daß der Mann auferstehen durfte, ließ Gott ihn wieder lebendig werden und ging mit ihm zu seinem Haus. Auf seinem Antlitz hatte Gott auch die Narben wiedergeschaffen, weil er prüfen wollte, ob ihn die Schwestern trotzdem küssen würden. Die Schwestern bedeckten ihn jedoch mit einem Tuch und küßten ihn so. Gott aber war es zuwider, daß die Schwestern vor ihrem Bruder schauderten und er befahl deshalb, daß keiner, der gestorben sei, wieder auferstehen dürfe. Die beiden Schwestern aber verwandelte er in Kuckucksvögel.

Ein anderer Mythos besagt, daß Gott gemeinsam mit den Menschen auf Erden weilte. Damals waren Himmel und Erde noch zusammen. Eine Zigeunerin, die ihre Windeln wusch, berührte den Himmel jedoch mit Fäkalien und besudelte so den Herrgott. Gott erzürnte sehr, hob den Himmel hoch und befahl, daß die Menschen keine Nahrung mehr haben sollten. Der Hund jedoch sagte zu Gott: «Gott, ich habe dir nichts zu Leide getan, schicke mir etwas zu essen!». Gott hatte Mitleid mit ihm und sandte ihm einen Maiskolben. Dieser wurde die Wurzel aller Pflanzen, und so gab es dann auch Nahrung für alle Menschen.

Die Mythen, die von Göttern erzählen, die «auf der Erde wandelten», sind unter anderem auch in einem Zigeunersprichwort enthalten: E phuv baxtali dschikaj o del pe late phirela. (Glücklich war die Erde, als Gott auf ihr wandelte.)

Ähnliche Mythen haben auch die Inder. Wie die Überlieferung besagt, verbrachten nämlich Agni und Soma den größten Teil der Zeit unter den Menschen.

Die Zigeuner haben noch andere Mythen über Tscharani, den Riesenvogel, der neunhundertneunundneunzig Jahre lang lebt, über die Entstehung der Dämonen, über die Vicline usw. usw.

Verzierungen, gezeichnete oder gravierte Gegenstände und Wesen, Buchstaben und Zahlzeichen besitzen «Macht» Unheil zu beseitigen. Auf dem Bilde: magische Buchstaben auf einem Amulett («Ciba» Zeitschrift).

Die Vergötterung der Sonne, des Mondes, der Sterne und der Erde

Spuren der altindischen Mythologie sind in den Zigeunermärchen über die Sonne, den Mond, die Sterne und die Erde enthalten, in ihrem Glauben, ihren apotropäischen* Formeln, den Sitten, Rätseln und Symbolen. Darüber könnte man eine ganze Studie schreiben, aber wir wollen bei dieser Gelegenheit nur auf einige besonders charakteristische Glaubensdinge und Sprüche hinweisen, von denen in den bisherigen Forschungen nicht die Rede war, sowie auf Elemente, welche die Verbindung zwischen den Zigeunern und der indischen Kultur sichtbar machen. Wenn man zum Beispiel sagen will, daß ein Kind einem verstorbenen Vorfahren ähnlich sieht, sagen die Zigeuner meistens: «X ist Y ähnlich, bei der Sonne und beim Mond». Diese apotropäische Formel wird auch beim Anziehen neuer Kleider gebraucht, insbesondere, wenn Kinder angezogen werden oder wenn man Brautleuten Geschenke macht: «Trage X dies Ding bei der Sonne und beim Mond!»
Im Zigeunerglauben gibt es den Sonnenberg und den Mondberg. Ersterer ist der «Berg des Glücks», während sich auf dem anderen, dem Glauben der einen nach, die Dämonen befinden. Andere wiederum glauben, daß dieser ein Ort zauberhafter Fruchtbarkeit sei. Die Pflanzen, die auf diesem Berg wachsen, würden als Empfängnismittel dienen. Dies ist auch der Sinn einer Redewendung der Zigeuner «Sungisarda e čhonutesa čar» («sie hat an der Mondblume gerochen», das heißt, sie ist in gesegnetem Zustand).
W. R. Rishi hat eine Geschichte veröffentlicht und kommentiert, die er in Skoplje gehört hatte.
«In der fernen Vergangenheit lebte die Göttin des Bösen. Sie hieß Schusna, aber manchmal, im Zorn, nannte man sie auch Ahi. Sie wollte die ganze Welt verbrennen und die Menschen ausrotten. So ging sie einmal, um das heilige Rad, die Sonne, vom Himmel zu stehlen. Vielleicht wäre ihr dies sogar gelungen, wenn der heilige Gott Indra sie nicht mit einem Blitz erschlagen hätte» (. . .).
Diese Geschichte, aufgrund derer das Gute und das Böse alljährlich Krieg miteinander führen, entspricht, nach der Meinung Rishis, einem Text aus der Rgvede.

Semno

ist ein authentisches Zeichen der Zigeuner, das sich auf dem Stab des Oberhauptes befindet. Semno hat fünf rituelle Figuren: *Nijako* (halb Axt, halb Hammer), *Čam-kham* (die Sonne), *Čhon-masek* (der Mond, und zwar im ersten Viertel), *Tara-čarain* (der Stern) und *Truschul*. Der Stab hat an seinem Ende einen silbernen Apfel.
Was bedeuten nun diese Figuren?
Es ist relativ leicht, festzustellen, daß die erste Figur, *Nijako,* die Macht symbolisiert, und zwar nicht nur bei den Zigeunern.
Die Bedeutung der anderen Symbole ist jedoch noch nicht enträtselt. Wenn man sich aber vor Augen hält, daß sich die Symbole auf dem Stab des Oberhauptes befinden, also jenes Mannes, den man gewählt hat und von dem man Gerechtigkeit und Verständnis erwartet, ist zu vermuten, daß die *Sonne* als zweites Symbol diese Eigenschaften verkörpern soll.
Diese Antwort finden wir vor allem in der Mythologie der alten Babylonier. Dort sagt nämlich die Überlieferung, die Gerechtigkeit sei eines der wichtigsten Attribute des

* apotropäisch: Unheil abwehrend (von Zaubermitteln)

Sonnengottes Schamasch gewesen. Als Quelle des Lichtes ist diese Gottheit, wie man glaubte, Beschützer der Gerechtigkeit und Schöpfer der guten Gesetze. Aufgrund der Mythologie haßt und straft Schamasch das Böse in all seinen Formen; man glaubte auch, daß Hammurabi sein Gesetzbuch von ihm empfangen habe. Im Epos über Gilgamesch hilft Schamasch Gilgamesch und Enkid im Kampf gegen das Ungeheuer Humbabe.

Der Dichter des Rgveda hat der Sonne eine ähnliche Bedeutung beigemessen. In dem Rgveda V., VII., 60 ist, wie Radakrishnan anführt, aufgezeichnet:

«Surya wird geboren, um beide Welten zu beschreiten; sie sieht von oben auf den

Vor alters her fand man die Zigeuner, mit Gesang und Tanz, an der Spitze großer Prozessionen. Sie haben so auch viele Festlichkeiten eröffnet. Der zigeunerische Tanz ist durch scharf abgeschnittene Figur und sehr betonten Rhythmus charakterisiert, und besteht aus zwei Teilen: der erste ist langsam, voll Stolz: der zweite gewaltig, voll beschwingter Freude.

Das ist ein gewöhnliches Zigeunerzelt. Und das Zelt aus »Träumen«? — Es ist ein Zelt »aus Säcken mit goldenen Fäden, silbernen Stöckchen, kupfernem First, Zinnpflöckchen und Seidenzwirnleinen«.

Die Zigeuner haben kein Heim, kein Grab. Wo der Fluss des Lebens fließt, dort sind sie auch.

Menschen herab, schützt alles, was steht und sich bewegt und sieht Gerechtigkeit und Ungerechtigkeit zwischen den Menschen».
Eine ähnliche Bedeutung wird der Sonne auch in einigen Volksliedern beigemessen; außerdem könnte auch der Spruch «Rein wie die Sonne» auf diesen Gedanken hinweisen.
Die Figur der Sonne auf dem Semno symbolisiert also wahrscheinlich das Ideal der Gerechtigkeit. Dies ist umso wahrscheinlicher, als das Oberhaupt auch das gewichtigste Wort bei der Krisa, dem Zigeunergericht (einem Überbleibsel des Naturrechtes bei den Zigeunern) zu sagen hat; er gebietet über Gerechtigkeit und Ungerechtigkeit unter den Menschen.
Um die Figur des *Mondes* zu erklären, ist es unumgänglich, an einen alten indischen Kult zu erinnern. Bharata ist der Name eines legendären Führers, Herr des Weges oder der Dynastie des Mondes. In der Ramayana wird auch von dem König der Monddynastie, Dascharatha von Kosala, gesprochen, der über das Gebiet Ayodha herrschte und dessen ältester Sohn und Thronfolger Rama war. Weiterhin wird im Rgveda, beziehungsweise im Kaushitakibrahmani oder im Sankhayabrahmana, die zum Rgveda gehören, von den Opfern gesprochen, die dem Vollmond und dem jungen Mond, sowie

den Jahreszeitenwechseln dargebracht werden. Jedenfalls sollte man sich den Halbmond vorstellen — das Emblem, das Shiva auf dem Haupt trug, sowie auch das Amrita, das Getränk der Unsterblichkeit, das der Mythologie zufolge auf dem Mond aufbewahrt wird. Schließlich darf man nicht vergessen, daß die Yadava, deren Nachfolger die Dschati sind, also die Zigeuner, die in Ägypten Zot genannt werden, sich als Vertreter der «lunaren Dynastie» fühlen.

Aufgrund der angeführten Tatsachen und des Glaubens der Zigeuner, ihrer Mythen und Geschichten, ihres Aberglaubens nehmen wir an, daß die Figur des Mondes eine mehrfache Bedeutung hat. Sie symbolisiert vor allem die Herkunft, den Kult, ist aber auch ein Symbol des Glücks und der Langlebigkeit.

Der *Stern* taucht als Symbol bei vielen Völkern auf. Es ist aber zu vermuten, daß die Figur des Sterns auf dem Semno den Nordstern darstellt. Für dieses Volk, das immerzu in Bewegung und auf Wanderschaft war, hatte der Nordstern eine besondere Bedeutung, weil er ihm half, sich im Raum zu orientieren. Da das Oberhaupt der Sippe die Richtung der Wanderung zu bestimmen hatte, ist es nur logisch, daß sich dieser Stern auf dem Semno, dem Stab des Oberhauptes, befindet. Natürlich schließt

Renier: Ratespiel (Florenz, Pal. Pitti Mostra dei Caravaggeschi)

diese mehr sachliche Erklärung keineswegs andere Deutungen aus, wovon übrigens auch die Talismane der Zigeuner zeugen, auf denen sich ebenfalls Sterne befinden. *Truschul* ist ein Wort indischer Herkunft. Es ist die Bezeichnung von Schiwas Dreizack. Mit der Zeit veränderte dieses Wort jedoch seine Bedeutung und wurde zum Namen des Kreuzes, das die Zigeuner unter dem Einfluß des Christentums übernommen hatten, obwohl das Kreuz auch in Indien schon früher bekannt war.
Der *Apfel* symbolisiert die Eintracht und Einigkeit des Stammes; man kann ihn aber auch als Symbol der Fruchtbarkeit auffassen. Darauf weist die Magie der Zigeuner hin; auch die Märchen der Zigeuner geben Zeugnis davon.
Von der *Erde* sagen die Zigeuner: «Voj si amari dej thaj e devlese!» (Sie gehört uns und der Mutter Gottes!)
Die Quellen besagen, daß ähnlich auch Pritiva, die Frau des Diusov angesprochen wurde, die in sieben Hymnen des Rgveda gepriesen wird. Selbstverständlich kann man das auch mit dem Matriarchat verbinden, das aus den Zeiten vor den Ariern stammt, so wie dies auch mit dem Kult der Schlange der Fall ist.
Das *Matriarchat* ist nicht nur für alle Zigeunerstämme charakteristisch. Phuri dej (die alte Mutter) hatte das entscheidende Wort bei allen Nomadenstämmen. Ansonsten ziehen einige Märchen unsere Aufmerksamkeit auf sich, in denen die «irdische Mutter» erwähnt wird. So zum Beispiel in der Geschichte vom «furchtsamen Knaben», in der geschrieben steht: «Die irdische Mutter ist groß, hat große Augen und Brüste und schreckliche Zähne«. Trotz ihres furchterregenden Aussehens hilft sie aber doch denen, die machtlos und furchtsam sind. In einer ähnlichen Rolle erscheint sie auch als «steinerne Mutter», «Mutter des Felsens», während die «Waldesmutter» mehr böse als gut ist. Wie es heißt, lehrt sie die jungen Männer verschiedene Künste, fordert aber dafür von ihnen absolute Gehorsamkeit und Untertänigkeit. Die Ungehorsamen verwandelt sie in Bäume oder blendet sie.

Die mystische und magische Zahl 3 durchdringt den Glauben und die Überlieferungen aller Völker, insbesondere der Inder. Auf dem Bilde: Alte Münze mit drei Pünktchen und dem »Zaubervogel« (»Ciba« Zeitschrift).

Die Vergötterung des Feuers

Nicht nur die Zigeuner, auch andere Völker sind vom Feuer verzaubert und halten es für die größte Gabe Gottes oder die revolutionärste Erfindung des Menschen. Nach der Meinung Erich Fromm's stellt das Feuer ein universelles Symbol dar. Viele Bedeutungen, die dem Feuer auch im Glauben anderer Völker zugeschrieben werden, finden wir auch bei den Zigeunern. Das Feuer darf nicht entweiht werden; besonders darf man nicht ins Feuer spucken oder darauf sein Wasser abschlagen, keineswegs aber darf man mit dem Feuer spielen. Im ersten Fall, so sagen die Zigeuner, entstehen Blasen auf der Zunge, im zweiten Schwierigkeiten beim Urinieren und im dritten machen Kinder, die das Feuer entheiligen, im Schlaf unter sich. Wenn das Feuer nicht brennen will, hat das Zigeunerzelt Feinde; wenn es zischt, sagt man, daß «Teufel brennen». Für diese Erscheinung haben die Zigeuner auch einen besonderen Ausdruck: Trpia. Dieser Ausdruck ist auch im Fluch zu hören: Xal tut e trpia! (Möge dich die Trpia fressen!). Dem Glauben der Zigeuner nach ist dies eine schlimme Krankheit, doch ist es schwer, zu ergründen, um welches Leiden es dabei geht. Ansonsten zeigt der Ausdruck Trpia Ähnlichkeiten mit dem sanskritischen Wort tripa, was unter anderem auch kriechen, erschaudern und ähnliches bedeutet.

Wislocki hat interessante Verse und Geschichten aufgezeichnet, in denen vom Feuer die Rede ist. Diese Geschichten und Verse werden vor allem am Georgitag aufgesagt. An diesem Tag wird zu nächtlicher Zeit eine Handlung zum Schutz vor Feuer und Blitz vorgenommen. Der Opferpriester spricht: «Still, Feuer! Gott, großer Mann, befiehl ihm!» Dabei wird Ziegenmilch auf das Feuer gegossen.

Das Feuer hat auch große Bedeutung bei den Begräbnisriten; davon zeugen auch die «Tantre», die charakteristisch für Indien sind. Die Zigeuner wiederum vermeiden es, gewisse Holzarten zu verheizen, zum Beispiel Hagedorn («wegen Zahnschmerzen und Vampiren»), Haselstauden («wegen Schlangen»), weiterhin Pfähle («die Kinder bekommen Magenkrämpfe») usw.

Das Feuer ist aber auch eine Allegorie der Wiedergeburt. So, wie man im Osten den Vogel Phönix darstellt, der sich selber verbrennt und aus der eigenen Asche aufersteht, gibt es in den Mythen der Zigeuner den Riesenvogel Čarana. Die Überlieferung sagt, daß er jede Nacht an der Brust einer anderen Frau säuge; nur diesem Umstand habe er es zu verdanken, daß er sich nicht verändere. Wenn er eingeht, und das wird nur jedes neunhundertneunundneunzigste Jahr geschehen, wird ein neuer Čarana geboren, der schon nach sieben Tagen zum Riesenvogel erwächst. Die Mauti (die Parzen), die, nach der Überlieferung, die Macht über den Čarana haben, bauen ihm einen Turm, und das Weib, in deren Leib der Vogel bis zu seiner Wiedergeburt war, bekommt eine übernatürliche Macht.

Eine ähnliche Bedeutung hat auch das Verbrennen der Toten, das früher auch von den Zigeunern praktiziert wurde. Darauf weist auch ein Wort hin: praxope, was in wörtlicher Übersetzung «sich in Asche verwandeln» bedeutet.

Die Magie

Der Roman Gabriel Garcia Marques' «*Hundert Jahre der Einsamkeit*» beginnt mit einer Erzählung über Zigeuner. Er schreibt: Alljährlich im März schlug in der Nähe des Dorfes eine Familie von zerlumpten Zigeunern ihr Zelt auf, um unter dem Lärm der Flöten und Trommeln ihre neuesten Errungenschaften und Künste zu zeigen. Ein großgewachsener Zigeuner mit wirrem Bart und riesigen Händen, der sich Melchiades nannte, führte eine Zaubervorstellung vor. Er besaß einen Magneten, der den Leuten damals noch unbekannt war und den er das «achte Wunder der weisen Alchimisten aus Macedonien» nannte. Er ging von Haus zu Haus, trug zwei Metallstäbe mit sich und die Leute sahen bestürzt zu, wie Kessel, Pfannen, Zangen und Kohlenbecken von ihren Plätzen fielen, wie die Balken verzweifelt ächzten, wenn die Nägel und Schrauben wie durch geheimen Zwang ihren festen Platz zu verlassen drohten, wie jahrelang verlorene Gegenstände plötzlich wieder hervorkamen, um den magischen Eisen des Melchiades nachzuziehen. «Die Dinge haben ihr persönliches Leben», rief der Zigeuner mit seiner heiseren Stimme, «es geht nur darum, ihre Seele zu erwecken».

Die Zigeuner werden in vielen Reisebüchern und Chroniken, in Forschungen der Ethnologen und der Magie gewidmeten wissenschaftlichen Studien als Magier und Zauberer erwähnt. Im Mittelalter und auch später haben Zigeuner deshalb oft in Kerkern oder auf dem Scheiterhaufen ihr Leben gelassen. So wurden zum Beispiel im Jahre 1445 zwei Zigeuner und eine Zigeunerin zum Tod auf dem Scheiterhaufen verurteilt, weil sie einem französischen Bürger die Mischung eines Getränkes verrieten, das jedem, der es trinkt, das Aussehen eines Toten verleihe. Ein anderes Urteil besagt, daß ein Zigeuner, der Hexer war, Strohgarben in Schweine verwandelte und dann mit ihnen handelte. Dabei warnte er seine Käufer, die Schweine nicht ins Wasser zu lassen; ein Käufer hörte jedoch nicht auf seinen Rat und sah dann anstatt der Schweine Strohgarben im Wasser schwimmen.

Die Zigeuner praktizieren die Magie noch immer. So können magische Formeln und Zaubereien gegen den bösen Blick und gegen Krankheiten, Verfluchen der Feinde, Segenswünsche, kultische Handlungen, Tabus usw. zu einer sehr umfangreichen und komplexen Materie zusammengefaßt werden. Sergius Golowin hat in einer Studie von der Magie der Zigeuner in den Alpenländern berichtet; vor ihm tat Wislocki desgleichen, als er die Magie der Zigeuner in Transsilvanien erforschte. Es ist begreiflich, daß die Zigeuner Magie betreiben, wenn man bedenkt, daß sie aus Indien kommen, dem Lande, in dem die Magie von alters her praktiziert wurde. Die Atharva veda, die manche Wissenschaftler für den Ausdruck der vorarischen Kultur halten, ist nur ein Ausdruck des Lebens der Magie in Indien.

Wie jede Magie beruht auch die Magie der Zigeuner auf mythologischer Tradition und gehört zur Sphäre des Überirdischen. Zum Unterschied zur Religion, die den Glauben an Gott verkündet und deren Zeremonien und Riten in aller Öffentlichkeit vor sich gehen, ist die Magie aber ein Geheimwissen und eine geheime Kunst. Nicht jeder Zigeuner ist in die Magie eingeweiht, wie man mitunter glauben möchte. So wie andere Völker auch, haben die Zigeuner ihre Zauberer, die sie Drabarno, beziehungsweise Drabarni nennen. Diese Drabarni sollten außer ihrer Weihe zur Magie auch übernatürliche Kräfte besitzen; sie müssen neben einem übernatürlichen, zauberischen Wissen also auch eine übernatürliche Kraft haben, die dämonischer oder göttlicher Herkunft sein kann. Ansonsten ist die Magie der Zigeuner ihrer Struktur nach den Magien anderer Völker ähnlich und auf Grund der Aufteilung, die Fraser eingeführt hat, ist es möglich, ein pseudotheoretisches und ein pseudopraktisches Niveau zu unterscheiden. Im Rahmen des pseudopraktischen Niveaus herrschen Zauberei und Tabus vor. Das kann man auch von den Grundlagen sagen, auf denen die Magie beruht. Dies will

»Ich gehe den Schicksalsweg«.

besagen, daß ähnliches immer nur ähnliches hervorbringt, bzw. daß die Folge ihrer Ursache ähnlich sein muß, und andererseits, daß Dinge, die einmal physisch miteinander in Berührung gekommen waren, auch weiterhin und aus der Entfernung aufeinander wirken. Demzufolge ist im ersten Fall von nachahmender und im zweiten von übertragender Magie die Rede. Man kann Magie aber auch im Hinblick auf deren Ziel und Zweck unterscheiden. Jene Magie, die praktiziert wird, um ein positives Ziel zu erreichen (um zum Beispiel die Wirkung eines Fluches zu verhindern), ist die weiße Magie. Das Hervorrufen von Krankheit und Unglück bei anderen Menschen, das Benützen der Magie also, um ein negatives Ziel zu erreichen, stellt die schwarze Magie dar; jedoch sind weder diese noch andere Aufteilungen, die Fraser eingeführt hat, fest fixiert. Wer je einer magischen Handlung beigewohnt hat, kann feststellen, daß der Magier sowohl sein «Wissen», als auch die nachahmende und die übertragende Magie benützt, um zum Beispiel zu gleicher Zeit den Fluch von einem Menschen zu nehmen und einen anderen damit zu schlagen.
Das Wahrsagen und die Prophezeiung des Schicksals (die beide ein Gebiet für sich darstellen) gehen zumeist vor der Magie einher. Bedingt gesagt sind sie eine Art magischer «Diagnostik». Die Arten der Magie werden von der Erkenntnis bestimmt, die man durch das Wahrsagen und die Prophezeiung gewonnen hat. Ist zum Beispiel ein Kind an einer unbekannten Krankheit erkrankt, wird der Drabarni durch vorheriges Wahrsagen die Natur der Erkrankung und dabei zumeist auch das Schicksal des Kindes feststellen. Wenn er dabei herausfindet, daß ein böser Fluch die Ursache der Erkrankung ist (ičhalipe, lino jakhendar), «wird die Glut im Wasser verlöschen». Da man meist einen «bösen Blick» für die Ursache des Fluches hält, wird der Drabarni sagen: «Es platze der böse Blick» (dabei wird der Name der Person erwähnt, die man im Verdacht hat, den «bösen Blick» zu haben), «der Fluch gehe in den Wald, ins Wasser. . . . .».
Die Magie wird in allen Situationen angewandt und ist ein Bestandteil des zigeunerischen Glaubens und ihrer Sitten. Die Zigeuner glauben, daß ihre Macht absolut sei. Diese Macht wird der Drabarnie zugeschrieben, «die nicht nur weiß, was da ist zwischen Himmel und Erde», sondern «auch im Stande sei, den Mond und die Sterne vom Himmel zu holen», wie die Zigeuner mitunter sagen.

Ein Bestandteil der Magie sind die zahlreichen Regeln, die das Benehmen des Menschen regulieren, sowohl im Alltag als auch bei außergewöhnlichen Anlässen wie Geburt, Hochzeit oder Tod, die Durchführung kultischer Handlungen usw. Diese Regeln schreiben vor, was «man tun soll» und was «man nicht tun soll», beziehungsweise, was nicht gut wäre, «zu tun». Es wird mit anderen Worten betont, daß bestimmte Arten der Betätigung zu vermeiden sind, weil es sonst unerwünschte Folgen haben könnte; dies erinnert seinem Wesen nach an das Tabu. Diese Regeln beginnen mit dem Wort «Najlahče» — man soll nicht, es ist nicht gut — und beziehen sich auf tabuisierte Dinge und Gegenstände, einzelne Pflanzen und Tiere, Teile des menschlichen Körpers, verschiedene Tätigkeiten des Menschen, menschliche Zustände und Situationen, gesellschaftliche Aktivitäten, Speise und Trank, Worte usw.
So «soll man nicht», wie die Zigeuner glauben, «zu gleicher Zeit essen und singen». «Wer dies tut», besagt der Aberglaube, «wird erleben, daß seine Frau wahnsinnig wird». Es ist auch nicht gut, «während des Essens Brot zu bröckeln». «Wer dies tut, wird arm». «Man soll sich bei Tisch nicht dehnen und strecken», «man wird sonst faul». «Es ist nicht gut, wenn ein Mann im Hause kehrt» — «er wird vom Pferd fallen». «Es ist nicht gut, über ein Schulterjoch zu springen» — «die Leute werden dich tadeln»; «es ist nicht gut, im Hause zu pfeifen» — «die Mäuse kommen zusammen». Es ist nicht gut, sich im Spiegel zu betrachten, wenn es Nacht ist» — «dadurch gibt man seine Seele dem Teufel». «Es ist nicht gut, bei Mitternacht einen Mann bei seinem Namen zu rufen» — «sonst erfahren die Teufel seinen Namen». «Es ist nicht gut, ein Kind durch ein Sieb zu betrachten» — «es wird sonst grindig». «Eine schwangere Frau darf keine von anderen begonnene Speise essen» — «sonst wird ihr Kind angefressen sein». «Während ihres menstrualen Zyklus soll eine Frau keine Blumen begießen» — «die Blumen gehen

ein». «Es ist nicht gut, auf dem Rücken zu schlafen» — «man träumt schlimme Träume». «Es ist nicht gut, wenn ein Mädchen mit einem Wollknäuel spielt« — «es wird von seinem Paten Schande erleben». «Es ist nicht gut, die Beine des Federviehs zu essen» — «du neigst zu Intrigen, zu Lügen». «Es ist nicht gut, Hirn zu essen« — »das Gedächtnis läßt nach». «Es ist nicht gut, schlechte Träume zu deuten» — «sonst geschieht demjenigen, dem gedeutet wird, ein Übel». «Es ist nicht gut, mitternachts Wasser zu trinken» — «du verschluckst dabei Teufel». «Es ist nicht gut, das Feuer mit dem Holz eines Baumes zu heizen, der vom Blitz getroffen wurde» — «die Teufel gehen in deine Brust ein». «Es ist nicht gut, unter dem Vordach zu schlafen» — «du schläfst mit den Teufeln» usw.

Alle diese Regeln beziehen sich auf die Art der Ernährung, auf Spiel, Unterhaltung, Arbeit, Kleidung, Wohnung und Benehmen. Sie begleiten den Menschen von der Geburt bis zum Tod und sind ein Bestandteil des Glaubens, der Handlungen und Sitten der Zigeuner.

Die Zigeuner waren nicht in der Lage, die Welt rationell zu begreifen und das Geschehen dementsprechend zu beurteilen; es bestand jedoch immer die Erkenntnis dafür, was wertvoll beziehungsweise wertlos ist, was gut und was nicht gut ist, und was Ziel und Sinn des menschlichen Lebens sein soll.

Die Schlange, der Mond, die Sterne und die Sonne. Die Zigeuner feiern den «Schlangentag»; der Mond, die Sterne und die Sonne sind am Semno — dem authentischen Zeichen der Zigeuner eingraviert. Warum?

Glaube und Religion

Oft wird behauptet, die Zigeuner paßten ihre Religion derjenigen des Landes an, in dem sie leben. In christlichen Ländern lassen sie sich taufen, unter Mohammedanern lebend lassen sie sich beschneiden. Unter Orthodoxen sind sie orthodox, unter Katholiken katholisch, und wenn sie mit Protestanten leben, sind sie Protestanten, behauptet Grellmann. Dies haben auch andere Wissenschaftler, unter ihnen Tihomir R. Djordjević, der systematisch das Leben und die Sitten der Zigeuner in Serbien studierte, gesagt. Seinen Nachforschungen zufolge gaben die Zigeuner ihren mohammedanischen Glauben zur Zeit des Rückzuges der Türken im Jahre 1830 und mehr noch im Jahre 1867 auf, weil mit diesem Rückzug nach und nach die Moscheen und Hodschas in Serbien verschwanden und auch sonst nichts anderes, was ihnen den Islam erhalten haben könnte, bestehen blieb. Seither blieb der mohammedanische Glaube der Zigeuner in Serbien nur dem Namen nach erhalten; die religiösen Gebräuche erloschen und wurden vergessen. Weder bei Geburten noch bei Festen, bei Krankheiten oder dem Tode üben sie noch irgendwelche mohammedanische Riten aus.
Wenn wir die Rolle und die Bedeutung der Religion in früheren Epochen, insbesondere zu der Zeit, als die Zigeuner nach Europa kamen, vor Augen haben, ist nicht schwer, sich vorzustellen, was diese Ankömmlinge ihres Glaubens wegen alles durchzumachen hatten. Aus zuverlässigen Quellen weiß man, daß die Zigeuner deswegen bestraft, gemartert und ständig verfolgt wurden, daß sie aber trotzdem nicht nur die Namen ihrer Gottheiten, sondern auch einiges aus dem ursprünglichen Glauben behalten haben.
Man erkennt dies am besten an dem Wort Devel oder Del, mit dem die Zigeuner Gott anreden. Dieses Wort kommt vom altindischen Deva, das verschiedene Bedeutungen hat. Deva ist jemand, der dem Menschen etwas gibt. Gott ist deshalb Deva, weil er die ganze Welt gibt. Ein gelehrter Mensch, der sein Wissen dem Nächsten mitteilt, ist ebenfalls ein Deva. Sonne, Mond und Himmel sind Deva, weil sie das Licht spenden. Vater und Mutter sind Deva, geistige Führer. Sogar der Gast ist ein Deva.
Die genannte Bedeutung des Wortes Deva ist in dem Rgveda enthalten. Später bekam das Wort auch eine genauere Bedeutung. Sri Aurobindo sagt: «Die Wahrheit, die hinter dem Verstand, dem Leben und der Empfindsamkeit ist, soll das sein, was transzendentierend führt. Das ist die Gottheit Devah, in dessen Besitz alles ist. Zu diesem Schluß kam Isha upanischad durch die Synthese von allem, was existiert».
Die Zigeuner kennen natürlich weder die Isha upanischad noch irgend ein anderes Werk der alten indischen Literatur. So wie jedoch in Indien das Wort Deva bis zum heutigen Tage die Gottheit der «hellen» Götter im breitesten, positiven Sinne bedeutet, so hat auch in der Zigeunersprache das Wort Deval oder Del die gleiche Bedeutung behalten. Das Attribut «strahlend», das dem Begriff Gott zukommt, wird von den Zigeunern mit besonderer Betonung ausgesprochen, wenn sie rufen: O sumnal Del (strahlender Gott). Das kann man zumeist in ihren Gebeten hören: O sumnala devleja! (Strahlender Gott!).
Ansonsten ist in der Zigeunersprache mit dem Wort Devel auch der Himmel gemeint, den man sich zumeist als «Haus Gottes» denkt (e devlesko kher). Es ist aber auch in den Bezeichnungen für Naturerscheinungen enthalten: der Regenbogen (devlikani kuštik — Gottes Hund), der Blitz (devlikani jak — Gottes Auge), der Donner (devlikani jag — Gottes Feuer) usw. Das Wort Devel taucht aber auch in den Namen einiger Tiere und Pflanzen, in Aussprüchen, unheilabwehrenden Formeln und ähnlichem auf.
Die Religion der Zigeuner ist ohne jede Autorität kanonischer Tradition; sie beruht auf keinerlei heiligen Texten, von denen man voraussetzt, daß sie von Gott verkündet seien. Sie kennt auch nicht die Idee einer selbstbewußten Kirche, noch gibt es

religiöse Würdenträger, obwohl die zigeunerischen Bezeichnungen für die Kirche (khangiri) und den Priester (raschai) indischer Herkunft sind. Gott ist in ihrem Glauben der allgegenwärtige Geber, eine lebendige und geistige Macht, die sich durch alles, was besteht, erweist. Gott ist die Quelle des Guten, er belohnt die Gerechten und bestraft böse Taten. Doch so wie auch andere primitive Völker sich ihren Gott und andere übernatürliche Wesen nach ihrem eigenen Erscheinungsbild zurechtformen, so haben auch die Zigeuner der höchsten Gottheit menschliche Züge verliehen. Dieser Anthropomorphismus* ist bekanntlicherweise der Wesenszug vieler Religionen primitiver Menschen; er ist auch in den Veden stark bemerkbar. Auf dieser Vorstellung beruht die Beziehung des Menschen zu Gott, wovon auch das religiöse Leben der Zigeuner Kunde gibt. Sie erheben ihren Gott, feiern und rühmen ihn, aber je nach Situation und Laune zürnen sie ihm auch und beschimpfen ihn. Kurz gesagt, sie wenden sich an ihn wie an einen Menschen.
Manche Überlieferungen der Zigeuner besagen sogar, daß Gott Krieg gegen die Zigeuner geführt habe. Ähnliche Überlieferungen haben aber auch andere Völker, insbesondere die Inder. Eigentlich sind dies Zeugnisse der Frische und Morgenröte des menschlichen Geistes, der noch nicht von Sitten und Routine eingeengt ist.
Die zigeunerische Göttin Bibi oder Kali ist ebenfalls indischer Herkunft. Es ist eigentlich der in Indien von altersher bekannte Kult der «schrecklichen Mutter». So wie sich die Inder an die Göttin Kali (die Schwarze) mit dem Wort ûma (Mama) wenden, so reden die Zigeuner ihre Göttin mit Bibi (Tante) an. In der Mythologie ist Kali die Frau Shiwas; alles, was wir bisher festgestellt haben, deutet darauf hin, daß die Zigeuner in der Vergangenheit der hinduistischen Sekte śakta angehört haben. Die Zigeuner wissen übrigens nichts von Shiwa; in der Zigeunersprache gibt es jedoch, wie wir schon angeführt haben, das Wort Truschul, das in seiner heutigen Anwendung das Kreuz bedeutet. Nach der Überlieferung jedoch hält Shiwa in der einen Hand einen Dreizack (Truschul), in der anderen einen Strick, mit dem er mit Hilfe seiner Frau Bavani (Parvati, Kali, Durga. . .) die Bösen erwürgt. Truschul ist also Shiwas Waffe.
Ein anderer Gott, den die Zigeuner, besonders in ihren Flüchen, erwähnen, ist Varuna. Die Bezeichnungen anderer vedischer Gottheiten sind in Worten enthalten, die als Namen auftauchen und in Rätseln, Legenden und Geschichten zu finden sind.
Die Zigeuner glauben auch an Geister, denen ähnliche oder fast die gleichen Rollen zugewiesen werden, wie den Wesen in den Mythen. Der «oberste» Dämon ist der Beng. Dieses Wort stammt von dem altindischen Wort Vyanga, das unter anderem auch Frosch bedeutet. Beng ist ansonsten die Bezeichnung für den Frosch in der Hindustani-Sprache. Es ist augenscheinlich das gleiche Wort, nur hat es in der Zigeunersprache diese eine, ganz abstrakte, auf Hindustani jedoch eine konkrete Bedeutung.
Wer den Zigeunermythos über die Entstehung des Dämons kennt, wird sich erinnern, daß der Frosch dem Herrn der Dämonen, Locoliko, in der Rolle des Ratgebers erscheint. Dank seinem Rat stellte Locoliko, wie der Mythos besagt, eine Beziehung zur Königin der guten Feen, Keshalyi Ana, her und so entstanden die allerbösesten Dämonen: Melalo, Lili, Thulo, Tčaridi, Šilali, Bitoso, Minceskra und Poreskorð. So wie also nach der biblischen Überlieferung die Schlange den Menschen zur ersten Sünde verführt hat und demzufolge als die Inkarnation des Bösen betrachtet wird, kann man diesem Mythos zufolge den Frosch als Verkörperung des Übels ansehen. Selbstverständlich ist dies nur als Hypothese aufzufassen, die man noch beweisen müßte. Wir halten diese Hypothese unter Berücksichtigung der Namen und des Mythos jedoch für richtig.
Wie die Zigeuner glauben, erscheint Beng in verschiedenen Gestalten: als Geist unter einer Brücke, als Schatten im Felde usw. Er ist, richtiger gesagt, eine Summe böser Geister, die verschiedene Formen und Eigenschaften haben. Sie rufen böse Krankheiten hervor; Melalo, den man sich mit scharfen Krallen vorstellen muß, zerreißt den menschlichen Körper — er ist die Ursache des Wahnsinns. Seine Frau Lili, die den Leib eines Fisches und einen Menschenkopf hat, ruft mit ihren neun klebrigen Haaren den Katarrh hervor. Thulo sieht wie ein

---

* Vermenschlichung des Göttlichen.

»Oh, wäre ich ein Vogel, um nach meinem Willen abzufliegen!«

Die Zigeuner kennen die Geheimnisse vieler Handwerke. Und jeder Gegenstand hat sein Tabu. Ein Aberglaube lautet: »Schaue nicht durch das Sieb. Dein Gesicht wird grindig!« (Seite 40)

«Wenn meine Mutter am Leben wäre, und sehen würde was mit ihren Kindern geschieht, würde sie wieder sterben.»

Igel aus; er verursacht Krankheiten in der Bauchgegend. Tčaridi gleicht einem behaarten Wurm; wenn er sich in einen menschlichen Leib einschleicht, erzeugt er Fieber. Auch Šilali ist die Ursache von Fieber; Bitoso, ein kleiner Wurm mit vielen Köpfen greift Kinder an und Minceskra ist verantwortlich für Blutkrankheiten. Schließlich ist Poreskoro, ein Hermaphrodit, der sich selber befruchten kann, der Verursacher von Pest, Cholera, anderen Epidemien und unheilbaren, schweren Krankheiten.
In der Vorstellung der jugoslawischen Zigeuner sieht der Geist unter der Brücke wie ein Affe aus. Wenn er einen Menschen trifft, rollt er diesem immer voraus. Der Feldgeist gleicht einer Katze; er hütet Felder und Wiesen. Der Windgeist ist wie ein Bettlaken und kann den Menschen zu Boden werfen. Die Wassergeister leben im Wasser und würgen die Menschen. Der Waldgeist oder Waldhahn hat große Zähne, weit aufgerissene Augen über einem großen Schnurrbart; er fällt vor allem die Frauen an. Die Zigeuner glauben, daß es auch noch Geister im Heu gibt, Geister, die im Staub leben, Mühlengeister, Straßengeister usw.
Čoxano ist der Geist eines verstorbenen Menschen und Karakonči, einer der charakteristischsten Geister des Zigeunerglaubens, wird sowohl als guter, als auch als böser Geist beschrieben. Die einen glauben, daß er »kalt wie Eis sei, unter dem Eis lebe und deshalb in den Häusern unter dem Feuer versteckt sei, um sich zu wärmen». Die ganze Macht des Karakonči befindet sich in seiner Kappe; sollte es jemand gelingen, ihm diese zu stehlen, so kann er der reichste Mann der Welt werden. Karakonči wird ihm jeden Wunsch erfüllen; er darf ihm nur keinesfalls die Kappe zurückgeben, denn wenn er dies tun sollte, wird Karakonči alle Geschenke, die er gebracht hat, in Kohlen verwandeln. Manche glauben, daß dieser Geist die Zigeunersprache spricht und die Zigeuner so ruft: «Av paposte, av kakoste. . .» und ihnen dabei die verschiedensten

Gaben verspricht. Glaubt man ihm und folgt ihm, kann es einem übel ergehen. Wie die Zigeuner erzählen, kann dieser Geist sehr böse werden, wenn man vor dem Morgengrauen, also in der Nacht, ins Wasser geht. Er ist dann sehr reizbar und kann den Menschen im Wasser ertränken. Wenn sich die Zigeuner in der Frühe einer Quelle oder einem Brunnen nähern, sagen sie deshalb: «Guten Morgen, kaltes Wasser; ich bringe Dir Brot und Salz!» Das Wasser wird dann gnädig und wird Karakonči nicht erlauben, herauszusteigen und den Menschen anzufallen.

Spielzeuge wie aus dem Märchen. Aber Zigeunerkinder haben, zum größten Teil, keine echte Kindheit und kennen noch keine Spielzeuge.

Eschatologie*

Die Zigeuner behaupten: «Der Mensch ist lebendige Erde, die auf toter Erde einhergeht. Wir sind alle tot, man weiß nur nicht, wann wer wo begraben wird». Unter den Zigeunern ist aber auch der Glaube verbreitet, daß die Wesen, die einmal gelebt haben, nie aufhören können zu existieren. Im Tode wird nur die Seele vom Leibe getrennt; da der Leib aus Erde gemacht ist, wird er der Erde zurückgegeben, doch der Geist oder die Seele (dji) kehrt zum Himmel zurück, wo die Götter weilen. (In einigen Überlieferungen heißt es, daß die Seelen auf dem Monde wohnen, und da die meisten der Zigeuner auf dieser Welt Schmiede sind, werden sie es auch auf jener sein.)
Die reinen und sündenlosen Seelen (und das sind, wie die Zigeuner glauben, die Seelen der Kinder) fahren sofort zum Himmel auf. Die Geister der Erwachsenen hingegen verweilen noch vier bis sechs Wochen auf der Erde. In dieser Zeit verabschiedet sich die Seele von den Liebsten und wird «gesäubert». Es kann jedoch auch geschehen, daß sich die Seele des Verstorbenen länger auf der Erde aufhält, diese Zeit im Körper eines Tieres oder einer Pflanze verbringt oder ständig aus einem Ding in das andere fährt, bis sie zu Stein wird. Die Versteinerung (barhosime dji) ist das Schicksal der Seele eines Menschen der zu Lebzeiten schwere Sünden begangen hat. Nicht einmal die Erde duldet den Körper eines solchen Sünders; nachdem er verfault ist, «wirft die Erde seine Knochen aus sich heraus», sagen die Zigeuner. «Bezehalo, e phuv lese kokala čhudel»! (»Er ist ein Sünder, die Erde wirft seine Knochen heraus!»).
Im Jenseits, so glauben die Zigeuner, gehen die Seelen über eine Brücke, unter der ein tiefes Wasser ist. Die Brücke ist wie ein Strohhalm, so daß darüber nur sündenlose Seelen schreiten können. Die sündigen Seelen fallen in das Wasser, die sündenlosen kommen in das Paradies. Dieser Glaube, daß die Toten über eine Brücke, unter der sich Wasser befindet, gehen müssen, steht auch im Rgveda.
Die Zigeuner haben verschiedene Vorstellungen vom Paradies. Nach den Aufzeichnungen von R. Uhlik sprechen die Zigeuner vom Paradies als von «einer großen und reichen Welt, in der man alles hat, was die Seele wünscht».
«Mitten im Paradies wird eine Büffelkuh gebraten; der Spieß dreht sich. Überall ist geräucherter Schinken. Im Braten stecken goldene Messer und Gabeln. . . . Mitten durch das Paradies fließen drei Flüsse. Ein Fluß führt süße Milch, der zweite saure Milch und im dritten sind süße und saure Milch gemischt. Über die Flüsse führen Brücken von Blätterteig auf Säulen von geräuchertem Schinken. . .».
Wer das alltägliche, oft sehr armselige Leben der Zigeuner kennt, wird auch ihre Vorstellungen vom Paradies verstehen; ähnliche Vorstellungen haben aber auch andere primitive Völker.

---

* Eschatologie: Lehre von den letzten Dingen, Jenseits, Weltgericht, Weltuntergang, Himmel, Hölle

Biblische Motive in den Überlieferungen der Zigeuner

In den Überlieferungen und Legenden der Zigeuner über ihr eigenes Kaiserreich tauchen biblische Motive auf. So wird erzählt, die Zigeuner hätten ein «riesiges und gewaltiges Kaiserreich» gehabt, dessen Herrscher Firaun oder Penga war. Wie es in der Sage heißt, war er ein sehr gestrenger und gerechter Herrscher. Er ließ sogar seinen eigenen Vater hängen, sowohl um seine Macht zu zeigen, als auch seine Ergebenheit in die Gerechtigkeit unter Beweis zu stellen. In der Erinnerung anderer war Penga jedoch ein übler und böser Herrscher. Als seine Gewalttätigkeit Gottes Zorn hervorrief, bestrafte er ihn sehr streng; er verwandelte das Pferd Dandala, das in der Überlieferung einem Ungeheuer gleicht, in einen Stein, und Penga wird von diesem Stein gebissen werden, solange die Welt besteht.

Penga wird auch in der Überlieferung vom «Kriegszug der Zigeuner» erwähnt. Es heißt: Solange er mit Gott verbündet war, half ihm derselbe. Er trennte sogar einmal das Meer, damit Penga mit seinen Soldaten das andere Ufer erreichen könnte. Als Penga jedoch mitten im Meer war, stellte Gott ihm die Frage: «Wer ist es, der diese Gewalt ausübt?» Und anstatt zu sagen, «Die Deine, Herrgott», sagte Penga das Gegenteil: «Die meine!» Und Gott wurde zornig und befahl, daß sich das Meer wieder schließe, und so mußte das ganze Heer elend ertrinken. (Andere behaupten, Gott habe die Soldaten in Frösche verwandelt). Diejenigen aber, die noch gar nicht ins Meer gegangen und die, welche schon durchgegangen waren und sich so gerettet hatten, versprachen dem heiligen Basileus, daß sie ihn verehren würden. Auf die Bitte des heiligen Basileus schuf Gott dann eine Gans, die all die Zigeuner, die zurückgeblieben waren, an das andere Ufer hinübertrug. Eine ähnliche Überlieferung hat auch Wislocki notiert und ähnliches wird auch von Zigeunern in verschiedenen Versionen und in anderen Ländern erzählt.

«Es gab einmal eine Zeit, in der der Mensch ewig lebte, und nicht wußte, was Arbeit, Armut, Winter oder Krankheit sind. Die Erde schenkte ihm die schönsten Früchte, selbst Fleisch wuchs auf vielen Bäumen und Milch und Wein flossen in vielen Flüssen. Die Menschen lebten mit den Tieren in Eintracht und mußten den Tod nicht fürchten. Eines Tages kam ein alter Mann zu einem Bauern und bat, übernachten zu dürfen. Als er am nächsten Tag weiterwanderte, gab der Alte dem Bauern einen kleinen Fisch in einem Gefäß und sagte: «Bewahre mir diesen Fisch auf, aber iß ihn nicht; wenn ich in acht Tagen zurückkomme, will ich Dir's vergelten». Und so ging der Alte seines Weges. Die Frau des Bauern aber besah sich den Fisch und sagte zu ihrem Mann: «Wie könnten wir diesen Fisch braten?» Der Mann antwortete: «Ich habe dem Alten versprochen, daß ich ihm den Fisch aufbewahre und zurückgebe. Du mußt mir schwören, daß Du den Fisch auch aufbewahren wirst, bis er zurückkommt». Die Frau schwor: »Ich werde den Fisch nicht töten, sondern ihn aufbewahren, so wahr mir Gott helfe!» Nach zwei Tagen dachte die Frau jedoch: «Dieser Fisch muß sehr schmackhaft sein, wenn dem Alten so sehr daran gelegen ist, er ihn so lange mit sich in der Welt herumträgt und nicht erlaubt, daß er gebraten wird». Sie dachte lange darüber nach, nahm endlich den Fisch aus dem Gefäß und warf ihn auf das Feuer. Als sie dies getan hatte, wurde sie von einem Blitz getroffen, der sie tötete. So wurde sie die erste Tote auf der Welt. Dann begann es zu regnen; die Flüsse traten über die Ufer und überschwemmten die Erde. Am neunten Tag meldete sich der Alte bei dem Bauern und

Alle Dinge dieser Welt: Räder, ausgetragene Schuhe und Kleider, Knöpfe und Einkaufstaschen. . . Die Reichen schmeißen weg, die Armen kaufen.

sagte: «Du hast dein Versprechen gehalten und hast den Fisch nicht getötet. Deshalb nimm eine andere Frau; versammle alle deine Verwandten und baue ein Schiff, in dem ihr euch retten werdet. Alle Menschen und alles, was lebt, wird ertrinken müssen, ihr allein werdet am Leben bleiben. Nimm Tiere mit Dir und Samen von jedem Baum und Kraut, damit sie sich nachher wieder auf der Erde vermehren können». Dann verschwand der Alte und der Mensch tat so, wie man ihm geheißen. Es regnete ein ganzes Jahr lang und man konnte nichts sehen außer Wasser und Himmel. Nach einem Jahr zog sich das Wasser zurück und der Mann verließ mit seiner Frau, seinen Verwandten und den Tieren das Schiff und betrat das Trockene. Er mußte arbeiten, pflügen und säen, um leben zu können. Sein Leben war voller Sorgen und Not; dazu kamen noch Krankheiten und Tod und die Menschen vermehrten sich nur langsam. Es vergingen viele, viele tausend Jahre. bis die Menschen wieder so zahlreich waren wie vor der Sintflut, und wie sie es jetzt sind».
Ähnliche Geschichten hat auch Uhlik notiert und sie erinnern sehr an die indische Überlieferung von der Sintflut; es gibt in ihnen aber auch biblische Elemente. In den Sagen der Zigeuner werden auch noch der babylonische Turm und einige andere Motive erwähnt.

Wird die Erfahrung der Älteren den Jungen helfen?

Sitten und Gebräuche

In der Zigeunersprache gibt es kein Wort für «Sitte» oder «Brauch». Für Handlungen, die man zu tun gewohnt ist, sagen die Zigeuner meistens: «puranimata» (althergebracht). Wenn sie etwas erklären, sagen sie: «Geja kerde amare phure, thaj keras vi amen. Lačhimase si». (So haben es unsere Vorfahren gemacht, so machen wir es auch. So soll es sein, so ist es gut). Sie meinen also, daß dies uralte und ständige Gewohnheiten seien, was die Formen der Sitten ja auch wirklich sind. Es wird ihnen auch eine Zweckmäßigkeit zugeschrieben (so ist es gut) — lače si. Diese Zweckmäßigkeit kann, wie auch in anderen Fällen, eine tatsächliche oder eine nur vorausgesetzte sein.
Die Zigeuner haben verschiedene Gewohnheiten, die von so manchem Glauben, Aberglauben und magischen Handlungen begleitet werden. Das ist übrigens auch für andere primitive Völker charakteristisch, wo Sitten und Gebräuche in Verbindung mit magischen und religiösen Handlungen eine gewisse Ethik schaffen sollen, wie Sapir sagt. Für diese Bräuche ist bezeichnend, daß sie immer in der Form bestimmter Zeremonien (Rituale) auftauchen, so daß dann auch die Zeremonie selber zum Brauch gezählt wird. Trotzdem ist es wichtig — insbesondere hinsichtlich der elementaren gesellschaftlichen, auf Gewohnheit beruhenden Normen — einen echten Brauch vom Ritual zu unterscheiden. Das Ritual muß durchaus nicht immer die gleiche strenge Form haben (mehrere verschiedenartige Zeremonien können das gleiche kultische Anliegen ausdrücken), doch der Brauch selbst verliert dadurch seine starke Wirkung nicht. Wenn man von den Zigeunern spricht, muß man berücksichtigen, daß sie, an verschiedenen Orten lebend, immer Einflüssen ausgesetzt waren, so daß sie ihre eigenen Sitten und Gewohnheiten auf eine dem jeweiligen Gebiet angepaßte Art und Weise ausdrückten. Dadurch schien es einigen Wissenschaftlern, daß die Zigeuner gar keine eigenen Bräuche hätten, was im Grunde falsch ist.
Eine schwangere Frau (khamni romni) genießt in der Zigeunergemeinschaft viele Vergünstigungen. Die Zigeuner sagen, daß die schwangere Frau «zwei Seelen» trägt und sind bemüht, ihr in jeder Hinsicht das Leben leicht zu machen. Die Grundlage dieser Aufmerksamkeiten und des Bemühens ist die Sorge um eine gesunde und glückliche Geburt. Diesen Sinn haben auch viele abergläubische Verhaltensmaßregeln: die schwangere Frau soll die Zeit der Geburt nicht selbst mitteilen; damit das Kind gesund geboren werde, darf die schwangere Frau kein angebissenes Obst essen. Wenn sie Obst stiehlt, darf sie ihr eigenes Gesicht nicht mit den Händen berühren, weil, wie man glaubt, das Kind sonst ein Mal so groß wie die gestohlene Frucht im Gesicht haben wurde. Eine schwangere Frau darf keinen Toten sehen, sonst wird das Kind leichenfarben werden. Falls es aber aus irgendwelchen Gründen nicht zu vermeiden ist, muß der Frau ein roter Faden um das Handgelenk gebunden werden.
Außer den angeführten gibt es noch eine ganze Reihe von Verboten, die sowohl von der schwangeren Frau als auch von allen anderen Mitgliedern des Stammes beachtet werden müssen. Es ist die Pflicht aller, der schwangeren Frau Speise und Trank anzubieten; es darf nichts vor ihr versteckt werden, vor allem keine Nahrung. Die Zigeuner glauben nämlich, daß das Kind von der Speise, die vor der schwangeren Frau versteckt war, nie verlangen wird; dies ist eine große Sünde. Es darf der schwangeren Frau nie gedroht werden, vor allem nicht mit scharfen Gegenständen; der schwangeren Frau dürfen keine Steine, Abfälle, Erde, Kalk nachgeworfen werden. . .
Der schwangeren Frau dürfen keine häßlichen Dinge gezeigt werden, sondern nur solche, die durch ihre Schönheit inspirieren. Darauf wird besonders geachtet, wenn das Kind im Leibe der Mutter die ersten Lebenszeichen gibt. Auf diesen Augenblick wartend denkt die schwangere Frau ständig an schöne Menschen und versucht, sich nur in der

Gesellschaft der Schönsten aufzuhalten, denn das Kind wird demjenigen ähnlich sehen, an den sie in diesem Augenblick denkt, beziehungsweise wen sie gerade sieht.
Im Grunde ist das ein alter, indischer Glaube; auch die Bräuche in der *Kama-Sutra* forderten, daß der schwangeren Frau Bilder und Gegenstände gezeigt werden sollen, die durch ihre Schönheit das Kind im Mutterleib beeinflussen können.

Ähnliche Verbote und Bräuche gibt es auch bei vielen anderen Völkern; Fraser hat sie ausführlich beschrieben, aber es gibt auch Abhandlungen zahlreicher Theoretiker verschiedener Fachrichtungen.

Außer den bereits genannten gibt es auch Regeln für die schwangere Frau, wie sie sich verhalten soll, um eine leichte Geburt (lokho bianipe) zu haben. Um zu erfahren, wie die Geburt verlaufen werde, wird unter anderem folgendes praktiziert: vor dem Georgitag legt die schwangere Frau ein Stück ihrer Kleidung dort, wo das Fest gefeiert werden wird, unter eine Weide; wenn sie am nächsten Tag ein Weidenblatt auf der ausgelegten Kleidung findet, wird, so glaubt man, die Geburt leicht werden. Bei der Geburt selbst gibt es ebenfalls ein festgelegtes Ritual. So wie nämlich die Samskare die Arier von der Geburt bis zum Tode begleiten, haben auch die Zigeuner ihre festgelegten Riten. Zum Vergleich wollen wir erst die altindischen Zeremonien bei der Geburt (jâtakarman) anführen:
Vor der Geburt muß man den Raum, in dem diese stattfinden wird, entsprechend vorbereiten. Zwölf Tage lang muß dort ein Feuer brennen, um die Anwesenheit böser Geister zu bannen. Alle Knoten im Hause sind zu lösen; während der Geburt müssen

Die Zigeuner ertragen stillschweigend und geduldsam alles Übel das sie im Leben trifft. Ist ihre Geduld zu Ende?

Der Mann verdient sein Brot mit der Säge. Aber was wird er tun, wenn er nicht mehr in der Lage sein wird, seinen Rücken nach dem weggeworfenen Zigarettenstummel, verlorenem Geldstück, weggefallenem Apfel zu beugen?

fünf Brahmanen dabei sein. Bevor man die Nabelschnur durchschneidet, muß man über dem Kind in alle fünf Himmelsrichtungen blasen, gen Osten, gen Süden, gen Westen, gen Norden und hinauf zum Zenit. Dies ist auch die Richtung der Winde, und der Atem des Kindes wird sich mit dem Wind auf Erden verbinden. Über einem Knaben soll man zu den Handlungen Mantras, heilige Sprüche, sagen, wie sie sich in den Samhiten befinden. Auch später sind alle Ereignisse im Leben des Mannes voller Sinn, und dieser Sinn wird nach der Heirat auch auf das Leben des Weibes übertragen.
Das Neugeborene wird zuerst an die rechte, dann an die linke Brust genommen. Am Ende werden dem Kind Namen gegeben: ein Name, mit dem es gerufen wird und noch ein zweiter, heimlicher, den nur die Eltern kennen, damit man das Kind nicht verfluchen kann.
Wie man beobachten kann, hüten auch die Zigeuner eine schwangere Frau ständig vor Dämonen. Das Feuer brennt allerdings nicht zwölf Tage lang, und nicht alle Zigeunersippen pflegen noch diesen Brauch, aber wie Forscher feststellten, tun dies die Zigeuner in Ungarn. Wahrscheinlich war es auch bei den Zigeunern in anderen Ländern noch üblich, nur sind darüber keine Zeugnisse bewahrt worden. Immerhin haben die Zigeuner bis zum heutigen Tage die Gewohnheit bewahrt, an der Wöchnerin alles

aufzuknöpfen und zu lösen und in dem Raum, in welchem die Geburt stattfindet, alles aufzuschließen. Dies tut man, damit der Wöchnerin die Geburt leichter werde; wenn die Geburt schwer ist, wäscht die Hebamme die Türklinke und alle Schlösser, schließt sie dreimal auf und zu, wäscht dann mit dem selben Wasser der werdenden Mutter die Augen und gibt ihr drei Schluck von dem Wasser zu trinken. Dabei werden bestimmte Gebete gesprochen und die Urmen angerufen:

«Komm, gute Urme, hilf!
Feuer, Feuer, brenne geschwind, brenne geschwind
und beschütze dies kleine Kind, kleine Kind.
Gute Urme, lock herbei,
daß dieses Kind gesegnet sei.
Hier auf Erden, hier auf Erden
soll es glücklich, glücklich werden!

Sie sind noch immer ohne Platz unter der Sonne.

Besenruten, Besenruten,
und noch einmal Besenruten;
Besenruten, Besenruten,
und noch einmal Besenruten
leg ich in die Feuersgluten!
Gute Urme, schnell heran,
daß man der Mutter helfen kann!»

Bei den Geburtszeremonien werden auch Eier und viele andere Dinge, denen man magische Eigenschaften zuschreibt, benützt. Die werdende Mutter wird außerdem auf Heu gelegt, das man für diese Gelegenheit besonders vorbereitet hat.
Wenn das Kind geboren ist, wird die Nabelschnur durchschnitten. Dies wird zumeist mit einem Messer oder einer Sichel getan, die später im alltäglichen Gebrauch nicht mehr benützt werden dürfen. Wenn das Kind gebadet ist, bekommt es seinen geheimen Namen. In einigen Stämmen tut das die Mutter, in anderen die Hebamme. Dieser geheime Name soll ein Schutz vor Dämonen sein.
Die Zigeuner glauben, daß Mutter und Kind vierzig Tage lang «unsauber» sind. Um sie vor Dämonen zu schützen, werden verschiedene Dinge verwendet, meistens jedoch Besen, Messer oder andere scharfe Gegenstände, weiterhin Wasser oder ein roter Faden. Diese Dinge werden unter das Bett gelegt, in dem Mutter und Kind schlafen, und müssen vierzig Tage lang täglich beweihräuchert werden.
Das Schicksal (Baxt). Die Zigeuner glauben, daß in der dritten Nacht nach der Geburt die Parzen oder Urmen kommen, um das Schicksal des Kindes zu bestimmen. Dies ist, wie die Ethnologie beweist, ein allgemeiner Glaube, also auch bei anderen Völkergruppen zu finden. Die Zigeuner meinen, daß das Kind von drei Parzen (Schicksalsfrauen) gleichzeitig besucht wird. Die erste heißt «lačhi Urma» (die gute Urme) und sie ist eine Art Schutzengel. Die zweite ist die «šudri Urma» (die kalte Urme); sie ist die Vermittlerin zwischen der ersten und der dritten, der «bösen Urme». Die Wünsche dieser drei Urmen bestimmen das Schicksal des Menschen; das will besagen, daß das menschliche Schicksal nach dem Glauben der Zigeuner völlig vorbestimmt ist. Diesen Fatalismus, der ein Wesenszug des alltäglichen Lebens der Zigeuner ist, kann man sehr verschieden erklären, doch steht er gewiß in enger Verbindung mit ihrer Lebensweise und den gesellschaftlichen Bedingungen, unter denen sie leben.
Es ist den Wissenschaftlern, die den Glauben und die Gebräuche der Zigeuner erforschen, bisher noch nicht gelungen, die Herkunft des Wortes «Urme» zu klären. Im Wörterbuch des Sanskrit ist aber das Wort «ûrmilâ» die Bezeichnung für eine Anzahl von Frauen, und in der altindischen Mythologie stellt Uma einen der Aspekte der Göttin Kali dar. Wie nämlich Robinson und Wilson ausführen, ist Shiwas Frau, die ihm zwei Söhne geschenkt hat, unter den Namen Sati, Durga, Kali, Ambika, Devi und Uma bekannt.
Mit Rücksicht darauf, daß die Parzen im Glauben anderer Völker nicht unter dem Namen «Urme» bekannt sind, glauben wir, daß auch diese Bezeichnung indischer Herkunft sein muß.
Diese Wesen der Mythologie leben in den Bergen in goldenen und silbernen Palästen. Die Zigeuner glauben, daß es ihrer neunundneunzig gibt, aber die drei Urmen, die das Schicksal des Menschen zu bestimmen haben, sind Schwestern, leben aber getrennt voneinander. Die Zigeuner stellen sich die Urmen mit goldenem Haar vor, sie sind ausgesprochen schön und keineswegs Greisinnen; ihre Königin ist Matuya. Über die Urmen gibt es verschiedene Ansichten und es werden so manche magische Handlungen praktiziert, um ihrer Macht Herr zu werden.
Außer den Urmen, so glauben die Zigeuner, gibt es auch «Halb-Urmen», das heißt, Hexen. Im Jahre 1863 ist eine Zigeunerin in Vukovar als «Halb-Urme» verurteilt worden.

Die Taufe (Bolipe). Neben ihrem geheimen Namen haben die Zigeuner, wie schon erwähnt, noch je zwei Namen. Den geheimen Namen kennt nur die Mutter oder die Hebamme, der zweite ist den Mitgliedern des Stammes (vitsa) bekannt und der dritte ist der «Taufname», das heißt, der amtliche Name. Die Herkunft des Wortes «Bolipe» (die Taufe) ist noch nicht geklärt. Die einen haben dieses Wort mit dem sanskritischen «vrud» verbunden, was «eintauchen, tauchen» bedeutet; andere meinen, daß es von «budyati» herkommt — «geboren werden in Buddha». Unserer Meinung nach ist die zweite Erklärung nicht angebracht, die erste nur auf den ersten Blick richtig. In der Zigeunersprache gibt es nämlich das Zeitwort «bolav» — (eintunken, eintauchen), so daß die erste Annahme richtig sein könnte; doch «bolav» im Sinne vsn «taufen» hat unserer Meinung nach seine Herkunft von dem Wort des Sanskrit «bal, balati», was «atmen, Atem des Windes, leben, existieren, am Leben sein usw.» bedeutet. Ein Beweis für die Bedeutung dieses Wortes ist auch jener Brauch, der bei der Geburt geübt wird; man sagt:. . .» über das Kind in die fünf Himmelsrichtungen, Osten, Süden, Westen, Norden und hinauf zum Zenit blasen. Dies werden die Richtungen des Windes auf Erden sein, mit denen sich der Atem des Kindes verbindet. So beginnt das Leben. . .» Am Ende der Zeremonie wird dem Kind sein Name gegeben, einer, mit dem es gerufen wird und ein anderer, geheimer, den nur die Eltern kennen, damit es nicht verflucht werden kann.

Die Zigeuner glauben, daß ein Kind, bevor es getauft ist, «unsauber» ist; das heißt, daß es noch nicht zur religiösen Gemeinschaft gehört. Stirbt es, so wird ein ungetauftes Kind nicht auf dem Friedhof beerdigt, weil es sonst nach Uberzeugung der Zigeuner ein Karakonči werden würde.

Auch die Zeremonie der Taufe wird von vielen magischen Handlungen begleitet und nach einem Ritual durchgeführt, das charakteristisch ist für das Gebiet, in dem der Stamm lebt; es hängt von der amtlichen Religion ab, der der Stamm angehört.

Die Bezeichnung des Taufpaten ist nicht indischer Herkunft; das Wort kirvo — čirvo stammt aus der griechischen Sprache.

Wenn sich ein Kind bei einer Frau «nicht hält», das heißt, wenn es bald stirbt, wird das neugeborene Kind in eine Windel gewickelt, in einen Korb gelegt, hinausgetragen und auf den Weg gestellt. Der erste, der an diesem Kind vorbeikommt, muß ihm sofort einen Namen geben. Dann durchbohrt die Hebamme das Ohr des Kindes und zieht einen roten Faden hindurch; später bekommt es einen Ohrring (čen).

Mitunter wird auch die magische Zeremonie des «aus dem Feuer holen» angewendet. Um Mitternacht schmiedet der Schmied des Stammes Gegenstände verschiedener Formen, auf die unterschiedliche Zeichen gezeichnet werden (Sonne, Mond, Sterne, Schlange usw.) oder der Name des Kindes geschrieben wird. Das sind dann Schutzgegenstände, wie sie auch bei anderen Völkern angetroffen werden.

Die Zigeuner achten ganz besonders darauf, daß die abgeschnittenen Fingernägel und Haare eines Kindes nicht weggeworfen werden; bevor das Kind nicht anfängt, zu sprechen, darf ihm kein Spiegel vorgehalten werden und es darf keinen Fisch essen.

Die Zigeuner, die dem mohammedanischen Glauben angehören, beschneiden ihre männlichen Nachkommen. Dies wird meist zwischen dem vierten und sechsten Lebensjahr getan, es kann aber auch später sein. Wichtig ist, daß es immer im Sommer erfolgt. Die Operation wird vom Barbier oder von einem anderen vorgenommen, der etwas davon versteht. Viele Nicht-Zigeuner hatten Vertrauen in die Künste solcher medizinisch erfahrener Zigeuner; so ist zum Beispiel aufgezeichnet worden, daß im Jahre 1565 in Sarajevo ein Bürger vor Gericht sein Einverständnis gab, daß ihm ein Zigeuner die Harnblase operiere.

Heiratssitten (Bijav). So wie bei den altindischen Sitten werden auch bei den Zigeunern vor der Heirat die Vorzeichen geprüft, ob die Ehe harmonisch verlaufen wird. Man beobachtet besonders das Benehmen des Mädchens — der Braut; schläft oder weint sie, wenn der Freier kommt, wird die Ehe nicht geschlossen. Vor der Eheschließung wird die Braut um den Herd geführt, um sie von den Vorfahren zu trennen und an den

Die kultur-künstlerische Gesellschaft »Phralipe« aus Skoplje führt zigeunerische Tänze und Lieder vor.

neuen Herd zu binden. Bei dieser Gelegenheit führt der Bräutigam die Braut so, daß sie sieben Schritte nur mit dem rechten Bein macht (das linke zieht sie nur nach), und zwar in Richtung Nordosten; dies wegen der Nachkommenschaft, der Wohlhabenheit und ähnlichem. (Der Osten und der Norden sind nach den vedischen Zeremonien die Richtungen des Lichtes und des Lebens. Im Westen geht die Sonne

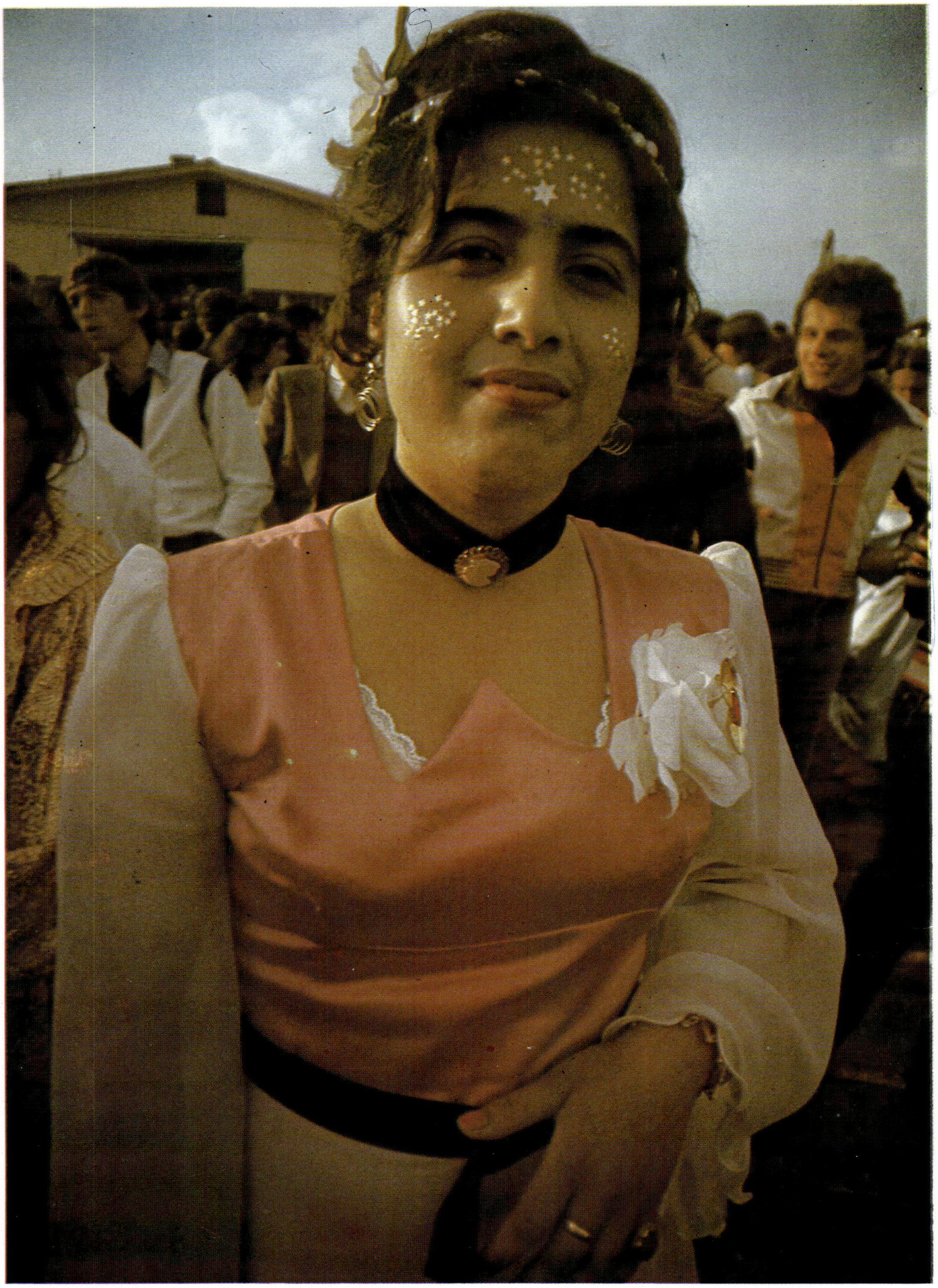

unter, im Süden wohnen die Toten und die bösen Geister). Danach werden die Brautleute vom Hochzeitszug in ihr Heim geführt. Durch die Eheschließung kommt der Mann in die Lebensphase eines «grhasthe», er wird ein Hausherr.
Die zigeunerische Bezeichnung für die Hochzeit ist bijav oder abijav. Vor der Hochzeit erfolgt, wie bei vielen anderen Völkern auch, die Brautwerbung (mangipe) und die Verschwägerung (hamamićipe). Bei der Freiung oder Brautwerbung hatten einst die Eltern das entscheidende Wort und bei manchen Stämmen ist es noch immer so. Die Kaldaraši kaufen das Mädchen auch heute noch. Es muß eine Jungfrau sein und die Geheimnisse des Zauberns und Wahrsagens kennen. Wenn der Vater des Bräutigams dem Vater des Mädchens die verabredete Summe bezahlt hat, wird das Mädchen «Eigentum» des jungen Mannes. Andere wiederum geben dem Mädchen eine Mitgift, oder aber das Mädchen wird gefreit ohne irgendeine Verpflichtung von der einen oder anderen Seite.
Die Zigeuner treten im allgemeinen schon sehr früh in den Ehestand, meistens im Alter von etwa fünfzehn Jahren. In Mladenovac hat sogar einmal ein Zwölfjähriger eine Elfjährige geheiratet; ein Jahr später bekamen sie ihren ersten Sohn. Früher haben die Zigeuner ausschließlich untereinander geheiratet, aber das hat sich auch teilweise geändert. Wenn ein Mann heiratet, heißt es in der Zigeunersprache «lijem romni»; wenn das Mädchen heiratet «lijem rom, romeste sem».
Die Hochzeitszeremonie und die Bräuche sind bei den verschiedenen Stämmen und Gruppen nicht die gleichen, doch gibt es trotz aller Unterschiede Elemente, die gemeinsam sind. Früher begann die Hochzeit am Mittwoch und endete am Freitag; heute beginnt sie meist am Samstagabend und dauert bis Montag. (Im Glauben der Zigeuner ist der Samstag der Tag der Toten; es ist deshalb nicht gut, an diesem Tage Hochzeit zu feiern oder ein anderes erfreuliches Ereignis zu begehen).
Vielfach ist es Brauch, daß die Braut vor der Hochzeitszeremonie ein Bad nimmt; wenn sie damit fertig ist, wird sie dreimal umgedreht. Sie hat dann zu weinen, obwohl alle anderen fröhlich sind, um die Trauer über den Abschied von ihren Eltern und Geschwistern zu demonstrieren. Anschließend kommt der Hochzeitszug mit den Hochzeitsgästen, um die Braut abzuholen. Die Schwiegermutter (sasuj) trägt einen Teller mit Korn, in das drei Kerzen gesteckt sind. Die übrigen Gäste tragen ebenfalls je eine brennende Kerze. Die Braut darf nicht gezeigt werden, bevor sie von ihrem Bruder den Hochzeitsgästen vorgeführt wird. Er übergibt seine Schwester dem Bräutigam und der Schwiegermutter, die ihrerseits dann der Braut drei Laibe Brot schenkt. Die Braut setzt ein Brot auf ihren Kopf und nimmt die beiden anderen unter ihre Arme. Dann überreicht die Schwiegermutter ihr zwei brennende Kerzen und eine Schale mit Butter, mit der die Braut die Haustüre beschmieren wird.
Nun trägt der Bräutigam die Braut auf seinen Armen in sein Haus, bindet sie mit seinem Gürtel an die Türe und dreht sie dreimal um sich herum, damit sie ihm treu bleibe. (Früher drehte der Bräutigam die Braut dreimal um die Esse, damit sie an das Haus gebunden sei.) Bei dieser Gelegenheit tritt er mit seinem rechten Fuß auf ihren rechten Fuß. Am Abend, wenn der Bräutigam zur Braut in die Kammer geht, schreitet er zwischen zwei Reihen brennender Kerzen hindurch. Danach tun seine Kameraden so, als prügelten sie ihn; sie stoßen ihn zur Braut in die Kammer. Dort füttern sich dann die Brautleute gegenseitig; es ist Brauch, daß sie sich mit dem Mund Zucker geben.

Wenn die Braut Jungfrau war, wird ihr am nächsten Tag das Hemd weggenommen und in ein Sieb gelegt. So können sich alle Anwesenden von der Keuschheit des Mädchens überzeugen.
Die Zeremonie der Keuschheitsprobe (pativ oder paćiv) wird bei manchen Stämmen auch im Beisein der Brauteltern durchgeführt. Hat sich herausgestellt, daß sie Jungfrau war, wird vor den Vater der Braut der Kopf eines Spanferkels oder Lammes gelegt. Im gegenteiligen Fall bekommt der Vater ein Glas ohne Boden, in das ein Getränk eingeschenkt wird, was dann zumeist mit Streit und Schlägerei endet.
Einige Forscher wie zum Beispiel Jules Bloch sagen, daß bei den Zigeunern in

»Wenn ich deine Brüste sehe, vergesse ich die Pferde!« (Seite 58)

Spanien die Defloration öffentlich durchgeführt wurde. Dies taten meistens drei ältere Zigeunerfrauen, die dann die Unschuld des Mädchens den anderen Gästen dadurch bewiesen, indem sie ein Tuch vorzeigten. Manchmal wurde die Ehre eines Mädchens dadurch gerettet, daß ein Huhn geschlachtet und das Hemd mit dessen Blut beschmiert wurde.

Bei vielen Zigeunerstämmen sind Brot und Salz wichtig bei der Hochzeit. Das Oberhaupt eines Stammes, oder aber die Schwiegermutter der Braut bricht über ihrem Kopf ein Brot auseinander und gibt je ein Teil der Braut und dem Bräutigam. Sie sagt hierbei: «Wenn ihr an Brot und Salz übersättigt seid, werdet ihr einander satt haben»; oder «wenn sich Brot und Salz streiten, werdet ihr euch auch streiten!» Von diesem bei der Zeremonie verwendeten Brot nehmen alle anwesenden Junggesellen und Mädchen je einen Bissen, um später bei der Wahl ihres Ehepartners glücklich zu sein.

Die Zeremonie der Eheschließung fand früher unter einem üppig mit Früchten beladenen Baum statt, damit die Ehe mit zahlreichen Nachkommen gesegnet sein möge; manche Stämme schütten aus diesem Grunde Korn aus einem Krug oder einem Sieb über die Köpfe der Brautleute. Später fand die Hochzeit in der Kirche oder beim Standesbeamten statt, je nach den herrschenden Bräuchen des Landes, in dem sie lebten.

Die Hochzeit wird, wie alle Feste bei den Zigeunern, von Zauberei und Aberglaube begleitet. Die meisten Zaubersprüche konzentrieren sich darauf, daß niemand die Brautleute verfluche, daß sie am Hochzeitsabend ihre erste Beziehung haben können, daß sie gesunde und glückliche Kinder bekommen usw. Brautleute und Hochzeitsgäste müssen sich deshalb an bestimmte Regeln halten, die ihnen von altersher vorgeschrieben sind.

Die Eheleute müssen einander treu bleiben; dies gilt ganz besonders für die Frau. Im Falle eines Ehebruchs wird die Frau mit Prügel bestraft und ihr Haar wird abgeschnitten. Das Haareabschneiden bei den Frauen ist auch sonst ein Siegel der Schmach; diese Sitte gibt es auch bei anderen Völkern. Schon Tacitus schrieb, daß die Germanen auf diese Weise «verdorbene» Frauen kennzeichneten. Es gab diese Strafe aber auch in Indien. Manchmal wurden auch schwere körperliche Strafen verhängt, die bis zu Verstümmelungen gehen konnten.

Um Untreue zu verhindern, wird auch Magie angewandt. Die Zigeuner in Ungarn hatten Talismane von der Größe und der Form kleinerer Geldmünzen, die aus Metall geprägt waren. Der Talisman wird am linken Bein getragen; auf der einen Seite des Talismans sieht man eine Kette (die Ehe), zwei Kreuze und einen Krug (die sündige Begierde und das Vergnügen, deretwegen man die ehelichen Pflichten vergißt), eine Schlange (der Verführer, Partner beim Ehebruch) und ein Quadrat mit vier Punkten (die Familie und die Stabilität des heimischen Herdes). Auf der anderen Seite sind eine Pflanze oder Blume (die Liebe) und zwei gekreuzte Stöcke (das Verbot) eingraviert.

Es gibt aber auch noch viele andere Zaubermittel, um sich die Treue des Ehepartners zu sichern. Dabei werden verschiedene Gegenstände benützt; Frauen mixen sehr häufig zauberkräftige Getränke, die sie dem Ehemann in das Essen oder in sein Getränk geben.

Im Falle des Ehebruchs kann es auch zur Auflösung der ehelichen Verbindung kommen; dafür ist meistens die Kris (das Zigeunergericht) zuständig. Auf der Kris wird festgestellt, wer die Verfehlung begangen hat und was seine weiteren Verpflichtungen sind.

Mann und Frau stammen stets aus verschiedenen Familien (vitsa), nur in ganz seltenen Fällen können sie aus der gleichen Familie sein. Wenn sie miteinander verwandt sind, muß vor der Eheschließung die Zeremonie der «Lösung der Verwandtschaft» vorgenommen werden. Außer der Blutsverwandtschaft sind auch noch Patenschaft, Blutsbruderschaft und andere Ritual-Verwandtschaften Ehehinderungsgrund; die Heirat zwischen Verwandten ist eine Sünde (bezeh). Eine eheliche Verbindung zwischen einem Mann und einer Frau, die in gesellschaftlich anerkannter Verwandtschaft zueinander stehen, gilt als Schande (ladža).

Durch die Heirat wird der junge Mann für die Eltern und Verwandten seiner Frau zum džamutro (Schwiegersohn), und die junge Frau wird für die Eltern und Verwandten ihres Mannes zur bori (Schwiegertochter). Die Brautväter sind sowohl für den jungen Mann als auch für dessen Frau sastro (Schwiegervater), die Brautmütter der jungen Eheleute sasuj (Schwiegermutter). Die Eltern der beiden und deren Verwandte sind füreinander xanamika, was wir hierzulande als «angeheiratete Verwandte» bezeichnen würden. Die Kinder sind sowohl zur väterlichen als auch zur mütterlichen Linie hin gleichermaßen verwandt; sie sind als Nachkommen Blutsverwandte.
Nahe Verwandtschaft wird meist bis zum zweiten oder dritten Grad gerechnet und zwischen diesen Angehörigen darf, wie schon gesagt, keine Ehe geschlossen werden. Außer den schon erwähnten gibt es in der Sprache der Zigeuner für Verwandtschaftsbezeichnungen folgende Wörter: dad (Vater), dej (Mutter), mami (Großmutter), papo (Großvater), kako (Bruder des Vaters), kaki (Frau des Bruders des Vaters), bibi (Tante), sali (Schwester der Ehefrau), salo (Bruder der Ehefrau). Für den Bruder der Frau, beziehungsweise dessen Frau und deren Schwager sind Beschreibungen nötig: mor dako phral, mor daće phralese romnji, mor romnjako phral. Umschrieben werden auch andere Verwandtschaftsgrade, wie zum Beipiel die Frau des Bruders, der Bruder des Ehegatten, die Schwester des Ehegatten; die Kinder aber sind für die Großeltern, Onkel, Tanten — čhave, also das gleiche wie für die leiblichen Eltern.
Tod und Begräbnissitten (Meripe thaj praxope). Der Tod — und auch die Geburt — dürfen die Heimstätte nicht unsauber machen, sagen die Zigeuner. So wie die Frauen in der Vergangenheit außerhalb des Zigeunerzeltes gebären mußten, wird auch der Sterbende hinausgetragen, oder es wird aus diesem Anlaß ein besonderes Zelt errichtet. Die Zigeuner glauben, daß der Geist des Verstorbenen diesen Ort noch vierzig Tage lang besuchen wird.
Der Brauch fordert vom Menschen, auf der Erde liegend zu sterben, um leichter «seine Seele aufzugeben». So handelte man besonders in Fällen von lang andauernden Todesagonien, die für die Zigeuner ein Beweis ist, daß die betreffende Person im Leben große und schwere Sünden begangen hat. Um solchen Menschen die Qualen zu verkürzen, hat man auch meistens Magie angewandt. So mißt zum Beispiel der Zauberer den sterbenden Menschen mit einem roten Faden ab und vergräbt diesen Faden in einem Loch, das dort gegraben wird, wo der Betreffende liegt. Oder aber es wird vorher ein Loch dort gegraben, wo der Sterbende hingelegt werden wird; man mischt die entnommene Erde mit der Erde, die man entweder von drei Wegkreuzungen oder von drei Gräbern genommen hat. Diese Erde wird dann mit einem Glas Wasser übergossen, dabei wird der Tod herbeigerufen. Schließlich bekommt der Sterbende von diesem Wasser zu trinken; gleich danach, so glaubt man, wird der Tod eintreten, aber die Sünden des Sterbenden werden auf den Zauberer übertragen werden.
Wenn der Mensch auf dem Sterbebett liegt, darf man keineswegs weinen, weil dies nach dem Glauben der Zigeuner dem Sterbenden die Qualen nur erschweren würde. Die Fenster und die Türen des Raumes, in dem der Sterbende liegt, müssen die ganze Zeit geöffnet sein, damit der Tod besser eintreten und der Geist des Verstorbenen das Haus verlassen kann.
Aus der Art und Weise, wie der Mensch gestorben ist, schließt man auf das Schicksal seiner Verwandten und Hausgenossen. Wenn er zum Beispiel mit geöffneten Augen stirbt, wird auch einer seiner nahen Verwandten bald sterben. Dies wird auch der Fall sein, wenn die Tiere bei seinem Tode heulen. Überhaupt wird jede Veränderung an den Hausgenossen, den Tieren oder irgendwelchen Gegenständen zur Stunde des Todes als schlechtes Omen gedeutet.
Wenn der Tote gewaschen ist (auch dieser Handlung wird eine magische Eigenschaft beigemessen, ebenso allen Gegenständen, die dem Toten gehörten, beziehungsweise mit denen er in Berührung kam), wird er auf ein Bett oder einen Tisch gelegt, wo er vierundzwanzig Stunden liegenbleiben muß. In dieser Zeit dürfen keine Insekten, besonders keine Fliegen oder Falter in dem Raum, in dem der Tote aufgebahrt ist, getötet werden, weil man glaubt, daß sich die Seele des Verstorbenen unter ihnen

befindet. Die Zigeuner glauben auch, daß der Tote noch die Möglichkeit hat, zu reagieren: er lacht oder ist traurig; man kann seine Stimmung an seinem Gesicht ablesen. Allerdings kann dies nicht jeder, sondern nur einzelne Menschen, denen sich die Toten zeigen.

Nachdem der Tod eingetreten ist, wird ein Wehklagen um den Verstorbenen erhoben, aber es darf keine Träne auf den Leichnam fallen. Darauf passen besonders die nächsten Angehörigen des Verstorbenen auf, weil sich ihnen sonst die Seele des Verstorbenen nicht zeigen und er auch nicht in ihren Träumen erscheinen wird.

Damit der Tote nicht zum Vampir wird, müssen verschiedene Regeln beachtet werden. Man muß besonders aufpassen, daß keine Tiere (Hunde, Katzen oder Federvieh) in den Raum kommen, in dem der Tote aufgebahrt ist. Wenn der Mensch zeitlebens dämonische Neigungen gezeigt hat, muß Zauberei und Magie helfen; es werden dann Nadeln in seinen Leib gestochen.

Das Begräbnis wird nach der Religion und den vorherrschenden Bräuchen der Gegend, in der die Zigeuner leben, gestaltet. In der Sprache der Zigeuner ist kein ursprüngliches Wort für das Grab oder den Friedhof erhalten. Das Wort limori (das Grab) stammt aus der rumänischen Sprache. Die Zigeuner kennen keinen Friedhofskult; nach dem begangenen Begräbnis wird das Grab schnell vergessen.

Unabhängig von der Religion und den herrschenden Bräuchen sind jedoch einige Elemente spezifisch und haben eine große Ähnlichkeit mit den altindischen Riten. Nach dem Rgveda muß man für das Begräbnis eine Gegend finden, die nach Süden geneigt ist weil dies die Richtung der Vorfahren und der Toten ist. Auf einem bestimmten Platz wird ein Scheiterhaufen errichtet und der Leichnam darauf gelegt. Um den Scheiterhaufen werden drei Opferfeuer angelegt, die anders angeordnet sind als jene, die bei Verkündungszeremonien entfacht werden. Nun legt sich die Ehefrau zu dem Verstorbenen, aber dessen Bruder oder ein anderer Verwandter ruft sie ins Leben zurück und nimmt sie zur Frau. Auf den Toten wird nun das religiöse Gerät gelegt, das er zu Lebzeiten benützte; danach wird geopfert und das Opferfeuer angezündet. Schließlich wird der Leichnam von seinen drei Opferfeuern verbrannt. Bei der Rückkehr des Trauerzuges gehen die Jüngsten voraus und die Älteren folgen nach, um so zu demonstrieren, daß sie dem Tode näher sind. Wenn der Zug an einem Wasser (Fluß oder Bach) vorbeiführt, werden rituelle Säuberungen vorgenommen.

Die Zeit der Trauer und der Reinigung vom Tod dauert verschieden lang; sie hängt davon ab, wie nahe die Verwandtschaft zum Toten war. Nach elf bis fünfzehn Tagen kommen die Angehörigen zurück, sammeln die Gebeine des Verstorbenen und legen sie in eine Urne, die sie in der Erde vergraben. Dem Verstorbenen wird ein Jahr lang gesondert geopfert und von dann an gemeinsam mit den anderen Vorfahren. Die häuslichen Opferzeremonien für die Vorfahren heißen sraddhe; dabei werden auch die pindapitryajne gefeiert und zwar zur Opferzeit darsapurnamasa. Meistens wird gekochter Reis geopfert; die Vorfahren helfen ihren Nachkommen auf jede Art und Weise, fordern aber dafür das Opfer.

Ähnlich sind auch die dhavalo-Bräuche in Bandscharas, wo Hochzeit und Tod emotionell durch Wehklagen ausgedrückt werden. Die Bandscharasa haben auch den «Sutaka»-Typ der Zeremonie, der den verschiedenen Kasten gemeinsam ist.

Wie die Inder, begraben auch die Zigeuner die Gegenstände gemeinsam mit dem Verstorbenen, die er zu seinen Lebzeiten benützt hat. In die Hände des Toten werden seine Musikinstrumente gelegt und die anderen Geräte werden ihm beigegeben, da die Zigeuner glauben, daß der Mensch im Jenseits all das tun wird, was er zu seinen Lebzeiten im Diesseits getan hat. Es ist Brauch, Geld in die Grube zu werfen, bevor der Leichnam hineingesenkt wird. Es ist das rituelle Kaufen des «ewigen Heims», das auch bei anderen Völkern bekannt ist.

Die Frauen, Kinder und nahen Verwandten verabschieden sich von dem Verstorbenen noch auf dem Friedhof; sie werden von dem Bruder des Toten ins Leben zurückgerufen. In manchen Gegenden ist es auch bei den Zigeunern Sitte, daß der Bruder des Verstorbenen dessen Witwe zum Weib nimmt.

Boccaccino Boccaccio: Junge Zigeunerin (Florenz, Uffizi)

Der Begräbniszug bewegt sich nach den altindischen Regeln, und auch das Ritual der Säuberung wird so vollzogen. Die Lustration* kann auch vor dem Hause des Verstorbenen vorgenommen werden; einer der Hausgenossen erwartet den Trauerzug und hält Wasser bereit, so daß alle die Hände waschen können. Eine andere Person hat in einem Feuerbecken Kohlestücke bereit. Jeder, der die Hände gewaschen hat, nimmt ein Stück Kohle, wechselt es mehrfach von einer Hand in die andere und wirft es dann über den Kopf hinter sich. So wird die rituelle Säuberung vorgenommen, wie dies auch bei anderen Völkern üblich ist; es bedeutet, daß nach diesem allgemeinen Brauch dem Wasser und dem Feuer besondere, reinigende Eigenschaften zugeschrieben werden.

Nach der Beerdigung kochen die Zigeuner vierzig Tage lang Reis, meist mit Fleisch, manchmal aber auch ohne. Dieser Reis wird mit je einem Stück Brot zum Seelenheil (djose) des Verstorbenen unter den Hausbewohnern aufgeteilt. Sechs Monate nach dem Begräbnis wird das Grab mit Rasen bepflanzt und je ein Stein zu Häupten und zu Füßen gelegt. Zu Hause wird ein Lamm geschlachtet; die eine Hälfte wird mit Reis gekocht und zum Seelenheil des Verstorbenen zu Hause aufgeteilt. Die andere Hälfte wird gebraten und auf den Friedhof getragen. Diese «Opferung» wird am Jahrestag des Todes wiederholt.

Die Sitten und Gebräuche am Georgstag. Der Georgstag ist das wichtigste Frühlingsfest der Zigeuner. Am Tage vor dem Fest wird eine junge Weide gefällt, mit Kränzen und Blumen geschmückt und in die Erde gerammt. Schwangere Frauen legen, wie wir schon angeführt haben, Kleidungsstücke unter diesen Baum und lassen sie die Nacht durch liegen; wenn sie am nächsten Morgen ein Blatt darauf finden, werden sie bestimmt eine leichte Geburt haben. Kranke und Alte kommen am Vorabend zum Baum, spucken dreimal aus und sagen: «Du wirst sterben, aber lasse uns leben».

Am Morgen versammeln sich dann alle unter dem Baum. Die wichtigste Figur des Festes ist der grüne Georg, ein junger Mann, der von Kopf bis Fuß mit grünen Blättern und Blumen bedeckt ist. Er wirft dem Vieh einige Armvoll Gras hin, damit im Laufe des kommenden Jahres kein Mangel an Viehnahrung sei. Dann nimmt er drei Nägel, die drei Tage und drei Nächte im Wasser gelegen haben; er schlägt sie in den Baum ein, zieht sie dann wieder heraus und wirft sie in einen Bach. Nach dieser Zeremonie tut man so, als ob man den grünen Georg ins Wasser werfen wolle, aber man wirft dann doch nur die Blätter und die Zweige hinein.

Ähnliche Zeremonien und Bräuche gibt es in aller Welt. Sie stellen nach Meinung Frasers die Überreste der Vergötterung der Bäume dar, wie sie auch in Indien üblich ist. Auf Ceylon und in Indien ist besonders der Baum Gegenstand der Kulte der weiblichen Gottheiten. Davon zeugen auch die Siegel von Mochendscho-Dara; auf ihnen befindet sich ein rituelles Bild des heiligen Baumes, der auf einigen Siegeln als gespaltener Baum dargestellt wird. Dazwischen befindet sich die Figur der Gottheit in stehender Position, vermutlich eine weibliche Figur. Der Kopf dieser Gottheit ist mit einem Dreizack geschmückt, aus dem Zweige mit Blättern und Blüten wachsen. Im unteren Teil der Siegel sind sieben Figuren mit Zweigen über den Köpfen zu sehen.

In der altindischen Literatur taucht die Beziehung zwischen weiblichen Gottheiten und Bäumen schon in den frühesten Texten auf. Oft wird auch das Motiv der Ehe der Frau mit einem Baum in Märchen wiederholt (ein ähnliches Märchen, das wir später anführen werden, gibt es auch bei den Zigeunern); in der buddhistischen Kunst in Indien ist die Kombination der weiblichen Gottheit Jakkhini mit einem Baum eines der am häufigsten dargestellten Bilder.

Die Zigeuner haben sich den Kult der weiblichen Gottheit und dem Baum im Fest der Bibi bewahrt. Sie setzen diese Göttin nämlich ganz mit dem Baum gleich und wenden sich an den Baum, als ob er eine Gottheit wäre; sie opfern ihm Fisch, Fastenspeisen und Getränke. Eine besondere Rolle spielt bei ihnen eine Waldpflanze, die rote Blüten hat und die sie «bibijake kan» (Ohren der Tante) nennen.

Bei den Zigeunern ist die Zeremonie der «Vermählung der Bäume», die auch in Indien weit verbreitet ist, noch immer erhalten. Auch den Glauben an den Baum der

---

* Lustration: altröm. Reinigung vor jeder Kulthandlung

Wünsche und den Baum des Lebens gibt es noch immer. Der Baum der Wünsche ist ein charakteristisches Motiv der Kunst in ganz Ostasien. Man muß, so besagt die Mythologie, dessen Holz in einem besonderen Gefäß (khumba, kalasa, ghata) aufbewahren. Im Bhagavata-purani wird von der Gottheit des Waldes — Vanaspati — gesprochen, die man in ein Gefäß tun und als Opferfeuer verehren muß. In Djakati-Kalingabodhi gibt es eine Geschichte: Ananda hatte den Wunsch, den Baum Bodhi vor den Toren von Džetavane zu pflanzen. Er hob eine Grube aus, setzte in diese ein Gefäß mit Wasser und Erde und warf einen Samen hinein. Daraus erwuchs ein dünner und hoher Baum mit fünf Ästen nach allen vier Seiten und in die Höhe; dies war der Baum Bodhi. Den Baum Bodhi setzten dann die Kaiser auf einen goldenen Thron und verneigten sich vor ihm wie vor einer Gottheit.
Sehr weit verbreitet ist auch der Glaube an den Baum des Lebens. Nach sumerischen und assyrisch-babylonischen Quellen wächst der Baum des Lebens im Paradiesgarten, gleich neben dem Bach des Lebens. In Einklang mit diesem Glauben befand sich im Heiligtum der Tempel der «Baum des Lebens» — das Symbol Gottes — mit einer Quelle (apsu) daneben.

Die Zigeuner sind als Schmiede in die Legende eingegangen. Bis vor kurzem haben sie in vielen Ländern die Schmiedearbeiten geleistet und verschiedene Werkzeuge und Gegenstände aus Eisen erzeugt.

Dieser Glaube ist auch in der Legende vom Baum Bodhi und dem Kaiser enthalten: anstelle der Reinigung dieses Baumes mußte der Kaiser als menschgewordenes Symbol des Lebensbaumes eine rituelle Säuberung und Waschung vornehmen: «Er legt einen Zweig des Bodhi in ein Schiff, setzt sich eine Vase mit einem solchen Zweig auf den Kopf und schreitet in das Wasser, bis es ihm zum Halse reicht». Die Zigeuner praktizieren dies ebenfalls zum Fest der Kali.
In der mesopotamischen Literatur wird erwähnt, daß der Kaiser die rituelle Reinigung mit Wasser vorgenommen hat, das aus den beiden mythologischen Flüssen geschöpft wurde, neben deren Quellen der Baum des Lebens wächst. Im Lichte der rituellen Gleichheit des Kaisers mit dem Baum als Zentrum des Alls ist auch das symbolische Geschenk des Reiches und der kaiserlichen Macht zu verstehen: Während sich Kaiser Aschoka vom Baum verabschiedete, ging er dreimal in den Ozean und schenkte dem Baum dann sein ganzes Kaiserreich Dschambudvipy (Indien): «Ich verehre den Baum Bodhi und schenke ihm deshalb mein Kaiserreich». Und er machte den großen Baum zum Kaiser seines weitläufigen Besitzes.
Kris. Der Ausdruck «kris» stammt aus der griechischen Sprache und bezeichnet eine Institution der Zigeuner, die für die Lösung von Streitigkeiten und den Begriff der Gerechtigkeit zuständig ist. Der Krisnari (der Richter) ist meistens eine neutrale Person. Er ist verantwortlich, daß das Verfahren ordentlich geführt wird und er beschließt, welches der überlieferten Gesetze anzuwenden ist. Eine Gruppe von neutralen Personen stellt eine Art von Schöffen dar, die der Richter in bestimmten Situationen nach ihrer Meinung befragt; eventuell können diese auch die Rolle des Vermittlers übernehmen.
Zum Richter wird meist ein Mann gewählt, der Autorität besitzt und großes Vertrauen genießt. Er muß ein Mann sein, dem es vor allem darum geht, gerecht zu urteilen. Er sollte sich im alltäglichen Leben selbst stets gerecht verhalten und seine Handlungsweise sollte immer korrekt sein. Die Gerechtigkeit ist nach den Begriffen der Zigeuner ein göttliches Prinzip, das man achten muß und an das sich alle halten sollten. Das Wort «kris» erscheint daher sehr oft in Flüchen und Schwüren der Zigeuner: «Te mundarel man o kris!» (Die Gerechtigkeit hat mich getötet!). Meist wird das Oberhaupt eines Stammes die Rolle des Richters übernehmen, besonders wenn es sich um Streitigkeiten unter Mitgliedern seines Stammes handelt. Ist der Streit jedoch unter Angehörigen zweier verschiedener Stämme entbrannt, wird ein Angehöriger eines dritten Stammes zum Richter gewählt.
Vor dem Beginn des Verfahrens wird ein Schwur geleistet; der Angeklagte, der Kläger sowie die Zeugen schwören, daß sie die Wahrheit sagen werden. Bei einem sehr schweren Streit und wenn Zweifel an der Aufrichtigkeit der Verfahrensteilnehmer bestehen, kann der Richter verlangen, daß alle auf ihre Kinder schwören. In diesem Falle wird eine Hand auf das Haupt des Kindes gelegt, in der anderen wird eine brennende Kerze gehalten. Dieser Akt hat begreiflicherweise eine sehr starke Wirkung auf alle Anwesenden und es ist deshalb äußerst selten, daß jemand wagt, vor dem Richter und den Schöffen falsche Aussagen zu machen.
Selbstverständlich hängen das Verfahren und der Ausgang des Gerichtsverfahrens sehr stark von der Persönlichkeit des Richters, von seinen rednerischen Fähigkeiten und von seiner Gabe eines gerechten Urteilsspruchs ab. Aus diesem Grunde wird bei der Wahl des Richters auch berücksichtigt, ob er ein guter Redner ist.
Der Richter wendet sich an die Anwesenden meist mit den Worten: «Čhavalen, phralalen!» (Meine Kinder, meine Brüder!), und versucht dabei, in ihnen das Gefühl für Gerechtigkeit und Wahrheit zu erwecken, aber auch das Gefühl, daß sie alle zusammen eine untrennbare Gemeinschaft bilden.
Was sind nun die häufigsten Ursachen, weshalb Zigeuner untereinander streiten? Es gibt viele Möglichkeiten — es kann die Aufteilung eines Gewinns im Handel sein, eine ungerechte Aufteilung der Beute, Diebstahl, Schlägereien oder Vernachlässigung von auferlegten Pflichten. Häufig sind auch Fälle von Ehestreitigkeiten und Ehescheidungen, bei denen zu bestimmen ist, wieviel Geld die Eltern der Frau zurückzugeben haben,

Detail aus einer Schmiedewerkstätte (Seite 66)

sofern sie «gekauft» worden ist. Ein Uneingeweihter könnte glauben, daß der Kauf eines jungen Mädchens ein einträglicher Handel für dessen Eltern sei; dem ist aber nicht so, denn der Bräutigam kauft eigentlich seine Nachkommen ab, und die Nachkommen sind, wie es heißt, nicht mit Geld aufzuwiegen.

Jede Familie ist sehr darauf bedacht, einen guten Ruf zu haben; das Ansehen und die Rolle, die sie im öffentlichen Leben spielt, sind von entscheidender Bedeutung für alle Familienangehörigen. So wird zum Beispiel ein junger Mann schwerlich heiraten können, wenn der Ruf seiner Familie nicht einwandfrei ist oder wenn man zum Beispiel von ihm sagt, daß er seine Schwägerin schlecht behandle, auch wenn er eine noch so hohe «Ablösung» zu zahlen bereit ist. Jede Scheidung erschwert die Situation eines Mannes ebenfalls; selbstverständlich gilt dies auch für die Frau und ihre Familienangehörigen.

Zum Unterschied zu den Ehegemeinschaften in der heutigen Welt sind bei den Zigeunern nicht nur Mann und Frau für ihre Ehe verantwortlich, sondern in einem noch größeren Maße deren Eltern, die ja meistens die Heirat verabredet haben. Über deren Verantwortlichkeit beschließen im Falle einer Streitigkeit ebenfalls das Gericht und die Schöffen. Selbstverständlich kann auch das Oberhaupt des Stammes intervenieren, aber wenn es bereits zum Streit gekommen ist, faßt der Richter den Beschluß. Solche Streitigkeiten sind mitunter sehr komplex und es gelingt dem Richter selten, ein Urteil zu fällen, mit dem beide Parteien einverstanden sind. Die Unzufriedenheit mit einem Urteil kann zu einem Streit zwischen den Stämmen führen, der wie ein Wirbel viele Gruppen mit hineinziehen und einen regelrechten Krieg verursachen kann. Im Bewußtsein der Tatsache jedoch, daß ein gegenseitiger Konflikt die allgemeine Sicherheit der ganzen Zigeunergemeinschaft gefährden kann und im Hinblick auf die Intervention der Gadsche* unternehmen die Oberhäupter der Stämme schnell geeignete Maßnahmen, um die Konflikte und Unstimmigkeiten zu lösen. Da die zerstrittenen Stämme selbst um ihre eigene Sicherheit bangen und sie sich außerdem vor dem Gericht der Gadsches fürchten, sind sie meistens bereit, sich zu versöhnen und ihre Streitigkeiten vor ihrem eigenen Gericht, dem Kris, zu bereinigen. Nach ihren Erfahrungen ist nämlich das Urteil des Kris meist milder und annehmbarer, als die Urteile, die von bürgerlichen Gerichten gefällt werden.

Der Kris urteilt sowohl über «bürgerliche» als auch über Strafsachen. Im Falle von Diebstählen wird zumeist ein Urteil gefällt, mit dem sowohl der Kläger als auch der Angeklagte zufrieden sein können. Meist verpflichtet das Gericht den Übeltäter, das gestohlene Ding oder das Geld der betroffenen Person zurückzugeben. Solche Delikte sind jedoch sehr selten, weil es nach der Tradition der Zigeuner eine Sünde ist, wenn ein Zigeuner einen anderen Zigeuner bestiehlt.

Sehr viel schwerwiegender sind Vergewaltigung und Mord, die unter die Strafgesetze fallen. Zwar glauben die Zigeuner, daß Gott die Fehler der Justiz verbessern wird und sich der Täter auf alle Fälle vor dessen Gericht zu verantworten hat, aber außer diesem Glauben und dem Verstand sprechen in solchen Fällen auch die Leidenschaften ein Wort mit. Die Familie kann fordern, daß der Mörder zum Tode verurteilt wird. Das Gericht wird jedoch nie ein Todesurteil fällen, da der Tod nach Auffassung der Zigeuner keine Strafe für ein Verbrechen sein kann. Zudem könnte sich der Verbrecher, der mit dem Tode bestraft würde, als Vampir an den Lebenden rächen. Es bieten sich deshalb meist zwei Alternativen an, um der Gerechtigkeit Genüge zu tun und ein entsprechendes Urteil zu fällen: Entweder beschließt der Richter, dem Beklagten die Möglichkeit zu geben, sein Vergehen und seine Strafe «abzukaufen»; die Ablösungssumme wird der Familie des Ermordeten oder der vergewaltigten Person übergeben. Oder aber der Verbrecher wird zum «Marime»; ein Marime ist eine «besudelte Person», ein «unreiner Mensch», von dem sich selbst seine nächsten Angehörigen fernhalten. Mit einem solchen Menschen wird nicht mehr verkehrt, ihm werden weder Speise noch Trank gereicht, er darf keinen Gegenstand mehr berühren. Ein Marime ist wie ein Aussätziger; selbst wenn er stirbt, ist das Urteil noch nicht von ihm genommen. Er bleibt unbegraben, falls er nicht vorher, zu

* Nicht-Zigeuner

seinen Lebzeiten, rehabilitiert worden ist. Ein solches Urteil ist, wenn man die Lebensweise der Zigeuner in ihren Gemeinschaften berücksichtigt, eine viel schwerere Strafe als der Tod. Es ist ein uraltes Brauchtum, das sich noch in Manus Gesetzbuch findet.

Das Gerechtigkeitsempfinden der Zigeuner fordert bei Ehescheidungen und finanziellen Vergehen restitutive Maßnahmen und Urteile, das heißt, finanzielle Rückerstattung oder Wiedergutmachung. Bei solchen Fällen geht Geld von Hand zu Hand, und dadurch wird der «Rechenfehler» beglichen.

Vergewaltigung und Mord hingegen befinden sich ihrer Zuständigkeit nach unter den Strafgesetzen. Wird ein Zigeuner aufgrund seiner Straftat zum Marime, so gehört er nach dem Urteil nicht mehr der Gemeinschaft der Zigeuner an; er ist aussätzig und trägt die Gefahr der Ansteckung mit sich. Er ist «unberührbar» geworden. «Das ist der lebende Tod», sagen die Zigeuner und es ist erwiesen, daß die Marime meistens Selbstmord begangen haben.

Der Kris ist als Begriff der Justiz und der Gerechtigkeit bei allen Zigeunern bekannt. Als gerichtliche Institution gibt es ihn aber nicht mehr bei allen Zigeunerstämmen. Als solche kennt man ihn noch bei den Kalderascha, den Lovara und anderen Nomadenstämmen.

Die Basis des Kris ist im Grunde die Achtung; das menschliche Wort war in der Vergangenheit meist das einzige Mittel, das die Durchführung der Gerechtigkeit erzwang.

Die Kaldaraschis, Kesselschmiede, führen noch ein Nomadenleben. Die Ursache ist vor allem ihr Beruf, aber dank diesem Umstand, haben sie die Zigeunerbrauche, den Glauben und die Sprache bewahrt.

»Oh, wie die Kesselschmiede schwarz und dann rot sind. Rot, und dann schwarz. Zähne wie weiße Kieselsteine.

Seit die Achtung und der Respekt nicht mehr maßgebend sind und das Wort seine verpflichtende Kraft verloren hat, ist auch der Kris weniger wirkungsvoll geworden, weshalb sich die Zigeuner viel häufiger als früher an die bürgerlichen Gerichte wenden.

Die behördliche Gewalt. Das gleiche Schicksal hat auch die behördliche Gewalt innerhalb der Zigeunergemeinschaften erlebt, die früher in vielen Ländern, in denen Zigeuner lebten, sogar von den legitimen und offiziellen Behörden anerkannt war. Die Träger dieser Gewalt, die früher absolute Machtbefugnisse hatten, waren die Oberhäupter der Zigeuner — ihre Woiwoden, Könige, Kaiser, Älteste oder «Urmütter» (phure deja). Symbol der Gewalt war der «silberne Stab» mit dem Semno, auf dem rituelle Figuren sind, deren Bedeutung bereits in früheren Kapiteln erklärt worden ist. Zu ihren Oberhäuptern wählten die Zigeuner meistens ältere Männer aus dem Stamm; sie wurden von ihren Stammesgenossen mit «Kako» (Onkel) angeredet. Ein solcher «Ältester» hat, obwohl er das Oberhaupt war, niemals einsame Beschlüsse gefaßt, sondern sich stets mit der Gemeinschaft oder mit einem Ältestenrat beraten.
In verschiedenen Ländern wurden die Oberhäupter der Zigeuner auch von den lokalen oder oberen Behörden dieser Länder gewählt oder aufgestellt.

Geisteserzeugnisse und Folklore

«Das weiße Feld . . .», die Literatur der Zigeuner ist bis zum heutigen Tage ein brachliegendes Feld geblieben. Obwohl die Zigeuner auf eine lange Vergangenheit zurückblicken können, gibt es kaum eine Literatur über ihre Herkunft, ihr Zusammenleben, ihre Sitten und Gebräuche. Vermutlich waren diese ewig wandernden, stets mit Sorge um die nackte Existenz belasteten Menchen ganz einfach nicht in der Lage dazu; zudem hatten sie, um bei der Wahrheit zu bleiben, wohl auch kein besonderes Bedürfnis danach. So blieb die mündliche Überlieferung das einzige Bindeglied zwischen ihrer Vergangenheit und der Gegenwart und sie wissen nur, was ihr Gedächtnis ihnen aufbewahrt hat. Diese menschliche Eigenschaft ist aber selbst unter den günstigsten Umständen nicht sehr zuverlässig, und so sind die Erinnerungen, die die Zigeuner einst aus Indien mitgebracht hatten, nach und nach verlorengegangen, bis sie schließlich spurlos verschwunden waren.
Dank dem Interesse einiger Wissenschaftler, die sich für die Sprache der Zigeuner interessierten, ist dem Vergessen immerhin eine gewisse Anzahl von wertvollen Hinweisen entrissen worden. Leider wurde jedoch nicht immer alles notiert, und fast niemand hat sich bisher über den Sinn und die Bedeutung des Notierten Gedanken gemacht.
Die Rätsel bei den Zigeunern. Das Rätsel heißt in der Sprache der Zigeuner: garadino lav, garado svato, garadino lafi, was «verstecktes Wort» bedeutet. Die gleiche Bedeutung haben die Ausdrücke: garadino vakaripe, garadino mothodipe und garadino phenipe, was etwa den Zeitwörtern «raten, rätseln» entsprechen dürfte. Für das Rätsel haben die Zigeuner außerdem die Bezeichnung «zumadi», die jedoch mehr bei den westlichen als bei den jugoslawischen Zigeunern zu hören ist. «Zumavipe» wiederum bedeutet «Versuch, Köder (im figurativen Sinn), Schlauheit, Tücke, Machenschaft, Schwindel» usw. In der Sowjet-Union und in den osteuropäischen Ländern nennen die dort angesiedelten Zigeuner das Rätsel auch «deskrimos». Dieses Wort stammt aus der rumänischen Sprache und ist von «descaera» (deskejera), was «entwirren» heißt abgeleitet. Das Wort «deskrimos» soll also auch «entwirren» im Sinne von «das Rätsel lösen» bedeuten.
In der Hindustanisprache gibt es etwa fünfzehn verschiedene Ausdrücke für das Rätsel; im Sanskrit heißt es prasna duti. Im alten Indien spielten die Rätsel bei zeremoniellen Wettbewerben eine große Rolle. Zur Zeit der großen, feierlichen Opfer waren diese Wettbewerbe, genau wie die dargebrachten Opfer selbst, ein wesentlicher Teil der Feierlichkeiten. Die Brahmanen wetteiferten im džatavidji, in der Kenntnis der Herkunft, oder im brahmodži, dem Ausdruck des Geheiligten. Aus der Überlieferung wissen wir, daß die Lösung eines Rätsels oft die Entscheidung über Leben und Tod war. Man findet sie in altindischen Märchen, wie zum Beispiel die »Geschichte über den König Dschanaki», aber auch im Altgriechischen, Althebräischen usw. Ein Beispiel für ein solches Rätsel finden wir in der Zigeunergeschichte «Štar phral'a» (Die vier Brüder), die Wislocki notiert hat und die auch bei Zigeunern in verschiedenen Ländern bekannt ist:
«Es lebten einmal vier Brüder, die stets arm waren. Da sagte der älteste Bruder zu den anderen: «Ich will nicht mehr arm sein. Ich gehe in die große, weite Welt und wenn ich reich geworden bin, komme ich zurück und hole euch«. Der arme Bruder ging bei Tag und Nacht, hatte aber nichts zu essen. Er kam in einen großen Wald, der kein Ende hatte. Da der Bruder sehr müde geworden war, legte

er sich hin und schlief ein. Als er so schlief, kam ein Männlein mit einem langen, weißen Bart, das schrie: »Steh auf! Du bist ein armer Zigeuner und liegst mitten am Tag auf der Erde; du bist faul und willst nicht arbeiten! Steh auf!» Der Bruder stand auf und sagte: «Ich bin müde und habe keine Arbeit!» Da sagte das Männlein: «Komm mit mir in mein Haus! Ich gebe dir Speise und Trank und außerdem sehr viel Geld, Silber und Gold, wenn du das Rätsel lösen kannst, das ich dir aufgeben werde». Sie gingen in den Wald hinein und da stand wirklich ein großes und schönes Haus. Sie gingen zusammen in die Wohnung des alten Männleins, das eine große, eiserne Türe aufschloß und sagte: »Sieh, das viele Gold gehört dir, wenn du mir folgendes Rätsel lösen kannst. Höre»:

«Ein Hölzchen, vier Schnürchen,
Ein Stäbchen, viel Härchen,
Sie rufen zum Tanze
verliebte Pärchen!«

«Sag an, was ist das?» Und der Bruder sagte: «Guter Mann, ich weiß nicht, was das ist!» «Gut», brummte der alte Mann. «Es ist die Geige. Da du es nicht gewußt hast, mußt du hierbleiben und mein Diener sein!» Der arme Diener mußte schwer arbeiten und der alte Mann schlug ihn oft, denn er war sehr stark, obwohl er so klein war.
Da der zweite Bruder nicht wußte, wo der erste Bruder geblieben war, sagte er zu den anderen Brüdern: «Unser Bruder ist nicht zurückgekommen. Jetzt gehe ich fort, und wenn ich reich geworden bin, so komme ich, um euch zu holen!» . . .
Alles, außer dem Rätsel, wiederholte sich auf die gleiche Weise. Das Rätsel, das er nicht lösen konnte, lautete:

«Beinlos ist ein Hund, und zungenlos,
hebst du ihn aber auf deinen Schoß,
bellt, heult und kläfft er fürchterlich,
legst du ihn hin, muckst er sich nicht!» (Die Kette).

Der dritte Bruder konnte folgendes Rätsel, das ihm gestellt wurde, nicht lösen:

«Zwischen zwei Bergen bellt ein stinkender Hund
laut in dem dunklen Waldesgrund». (Der Furz).

Dem jüngsten Bruder aber wird es gelingen, folgendes Rätsel zu lösen:

«Graue, endlos lange Leinwand
durchschreitet man durchs ganze Land» (die Landstraße)

Den «samsonischen» Typus des Rätsels führt auch Paspati an. Dieses Rätsel ist auch in einem Märchen enthalten: «Ich habe meine Mutter angezogen, meinen Vater beritten und von meinem Tod Wasser getrunken?»

Meistens sind physische Objekte Kernpunkt der Rätsel; sie können aber auch gesellschaftliche oder psychische Begriffe als Ausgangspunkt haben. Außer Gegenständen und Dingen im weitesten Sinne des Wortes (also nicht nur leblose Dinge und Lebewesen, sondern auch Menschen) können auch gewisse Eigenschaften (schwarz, weiß, warm, kalt etc.) Gegenstand eines Rätsels sein, ebenso Vorgänge, Relationen, ja auch Worte selbst.
Außer Rätseln, die mit einer Frage beginnen: «So si?», «Kaj si?» (Was ist? Wo ist?) haben die Zigeuner auch Rätsel, die folgendermaßen formuliert sind: «Phen so phendem» (sage mir, was ich gesagt habe). Dieser Ausdruck ist in der Sprache der Zigeuner oft ein Synonym für das Rätsel und taucht besonders in den sogenannten

Immer näher, und immer weiter von der Heimat.

Trugrätseln (xoxadve) auf. In all diesen Rätseln geht es hauptsächlich entweder um ein Spiel oder um Schlagfertigkeit, wobei die Dinge mehr oder weniger durch ihre augenfälligen Merkmale und Eigenschaften beschrieben werden, jedoch stets auf mittelbare Art und Weise. Dies ist eine «verwirrende» Methode mit zusammengefaßten Hinweisen. Manche Theoretiker haben sie eine «koboldhafte Form geistreicher Bemerkungen» genannt.

Bei den Zigeunern sind die Rätsel oft mit den mit dem Tod verbundenen Bräuchen verknüpft, manchmal aber auch mit den bei Hochzeiten üblichen Bräuchen. Meistens werden sie aber zu nächtlicher Zeit aufgegeben, wenn Totenwache gehalten wird. Sie werden aber auch an gewissen Feiertagen gestellt, besonders am Feiertag der Schlange (Sapesko dive), der am 15. März ist. Sie müssen nachts gestellt werden, denn wer sich daran nicht hält, wird «von einer Schlange gebissen», oder «die Mäuse werden ihm im Schlaf die Ohren abbeißen».

Die Rätsel haben im Leben der Zigeuner immer eine magische Rolle gespielt und das hat sich bis zum heutigen Tage erhalten. Sie waren Schutzzeichen und verliehen sogar die Kraft, den Menschen, das Tier oder auch die Gegenstände, die zu erraten waren, zu verwandeln. So wie die Mythen und die Magie waren auch die Rätsel

für die Zigeuner eine wertvolle, aktive Macht; sie hatten die Bedeutung einer pragmatischen Urkunde des primitiven Glaubens. Später spielten sie dann eine andere Rolle; sie wurden, so wie auch die Masken, ein Bestandteil von Karneval, Fasching, Spiel und Unterhaltung und gewannen dabei einen komplexeren, verborgeneren Sinn.
Die Rätsel stehen in enger Verbindung mit dem Mythos und den Märchen. Manche Wissenschaftler glauben, daß sie sich aus geheimnisvollen Mythen, Märchen und Ritualliedern entwickelt hätten. Die Rätsel vom Wind, vom Regen, von der Erde, der Sonne, dem Mond, den Sternen und der Nacht haben in der Zigeunersprache mythischen Inhalt, wie schon ausführlich berichtet wurde. Auch «schikajmako» (geheimnisvolle Zeichen) werden benützt, um Rätsel zu konstruieren.
Besondere Aufmerksamkeit verdienen jedoch die Trugrätsel. Die der Zigeuner sind in Reimen abgefaßt, was bedeutet, daß die Akustik gegenüber der Bedeutung, die der Beziehung zwischen der Vorstellung und den Dingen gegeben wird, eine Primärstellung einnimmt. Der Vorrang eines Wortes als Laut tritt hervor; der Laut bekommt anstelle des Sinnes die größere Bedeutung. Bei den Trugrätseln ist die äußere Gedankenverbindung der Worte der inneren gegenüber von Wichtigkeit.
Die Trugrätsel haben ihre eigenen Regeln. Eine hiervon wird schon durch die Art

»Gott, sei vernünftig wenn du die Welt von neu an wiederschaffst«.

und Weise des Rätselbeginns bewiesen: «Sage mir, was ich sagte», was heißen soll: «Wiederhole, was gesagt wurde, was du gehört hast». Derjenige, der das Rätsel aufgibt, löst es auch und ist dank dieser Regel immer im Vorteil.
Eine andere gültige Regel ist, daß bei den Trugrätseln von vornherein «alles erlaubt ist und verziehen wird». Das kann man als eigenartige Rationalisierung ansehen, da bei den Trugrätseln jedes Wort und jede Bedeutung meist mit Dingen verbunden wird, vor denen die Menschen normalerweise eine gewisse Scheu haben, vor denen sie sich schämen. Die Trugrätsel der Zigeuner sind also eine typische Art onirischer* Rede. Es wird ihnen sogar eine Rolle des «Schutzes» im gesellschaftlichen Leben beigemessen. Es heißt nämlich, daß derjenige, welcher zu bestimmter Zeit einen anderen übertölpelt und an der Nase herumführt, im Laufe des ganzen Jahres Erfolg haben wird.

Dieses Motiv und die Rolle, die dabei hervorgehoben wird, kann, wie es scheint, auch Gegenstand sozial-psychologischer Forschung sein. Ohne diese Fragen weiter verfolgen zu wollen, kann man doch feststellen, daß die Beschäftigung der Zigeuner mit den Trugrätseln viel über ihre gegenseitigen Beziehungen und ihre Beziehung zu anderen, über ihre Ängste und Sehnsucht aussagen. Die Trugrätsel selber aber, bei deren Schöpfung und Formung das Unbewußte eine große Rolle spielt, stellen eine Art sozialer und psychologischer Entladung dar, die durch Spiel und Unterhaltung rationalisiert ist.
Beschwörungen. Beschwörungen oder «Basmas» haben im Glauben der Zigeuner Zaubermacht. Sie haben den Charakter von Gebeten und werden zumeist im Flüsterton ausgesprochen. Viele von ihnen sind stereotyp, viele aber haben auch poetischen Wert. Man wendet sich mit Beschwörungen an Naturereignisse, mythische Wesen und an Krankheiten; man zaubert und benützt dabei verschiedenartige Metapher, Gleichnisse und Apostrophe.
Sprichwörter. In der Sprache der Zigeuner gibt es für das Sprichwort keine eigene Benennung. Wenn von Sprichwörtern die Rede ist, sagen die Zigeuner meistens: «Sar phenen e phure» (wie die Alten sagen), «e themesko čačipe» (Volkswahrheit) oder «Romano čačipe» (Zigeunerwahrheit). Die Sprichwörter sind ansonsten sowohl der Form nach als auch durch den ständigen Gebrauch den Ausdrücken der Alltagssprache ähnlich und sind aus diesem Grunde mitunter mit diesen vermischt.
Pott, Wislocki, Jeschina, Uhlik und der Autor dieses Buches haben Zigeunersprichwörter gesammelt. Pott hat sie nach dem eidologischen System geordnet, also nach ihren Arten, während die anderen Wissenschaftler Sprichwörter als linguistisches Material oder Folklore anführten, ohne eine besondere Aufteilung derselben vorzunehmen. Es gibt eine Reihe von Systemen, Sprichwörter zu klassifizieren, aber das semantische scheint das Vollkommenste zu sein. Während sich nämlich das eidologische System an die äußeren Formen wendet und Zyklen und Themen des materiellen und physischen Lebens als Erscheinungsstrukturen nimmt, beschäftigt sich das semantische System mit der inneren Bedeutung des Sprichwortes, dem ethischen und allegorischen Sinn, den es auch im einfachsten Sprichwort gibt.
Bei Anwendung dieses Systems kann man bei den Sprichwörtern der Zigeuner folgende Themen unterscheiden: Menschliche Güte, Gutmütigkeit, Durchhaltekraft, Anständigkeit, Untertänigkeit; über das Gute und Böse, über Eitelkeit, Geduld, Wohltätigkeit, Anmaßung, Unbedachtheit, Aufgeblasenheit, Eigenliebe, Faulheit, Gefräßigkeit, Heuchelei, Lüge, Denunziation, Verrat, Eifersucht, Geiz, Neid, Undankbarkeit, Unbeständigkeit, Unglauben, Strafe, Gerechtigkeit, Schicksal usw.
Dem Inhalt nach sind viele Sprichwörter der Zigeuner mit Sprichwörtern, die wir bei anderen Völkern finden, ähnlich oder mit ihnen identisch. Es gibt jedoch auf ihrer sprachlichen Grundlage typische Zigeunersprichwörter, wie zum Beispiel die folgenden: Kana naj, dik po naj! Rhomani bax thaj džukljani — jek si! Rhomani šel — gadžese jek! Rhom šaj pekel pes pe jag, khonik ni paćal les! Dija rha, kerdilo angar! Po Rhom i o šošoj putrel pe sosten! Rhom šaj xalavel pes ande šel paja, thaj pale ka ačhel Rhom usw.

* onirisch: traumverbunden, traumhaft

weil sie in Einklang mit ihrer Lebenserfahrung stehen und vom Standpunkt der Diese Sprichwörter ergeben keinen besonderen Sinn, aber die Zigeuner sagen sie gerne, gesellschaftlich-historischen Umstände und Bedingungen, unter denen sie leben, zum größten Teil berechtigt und wahr sind.

Außer echten Sprichwörtern haben Zigeuner auch sprichwortartige, kurze Geschichten, von denen einige im Buche Jeschina's «Rhomani chib» veröffentlicht sind. Ähnliche Märchen und Fabeln finden wir auch bei indischen Nomadenstämmen. Deren Geschichten enden so ähnlich wie die Geschichten der Zigeuner mit Belehrungen und Ratschlägen. Hierzu einige Beispiele: «Es ist nicht gut, dem Bösen zu glauben»; «es gibt Leute, die Honig auf den Lippen und Gift im Herzen haben»; «was dem Guten gut ist, ist dem Bösen schlecht»; «das Auge der Hausfrau richtet mehr aus als ihre beiden Hände und Füße».

In vielen Sprichwörtern und kurzen Geschichten anderer Völker werden hin und wieder Zigeuner erwähnt. Als Illustration seien einige solcher Sprichwörter und Geschichten erwähnt, die bei den Serben in Umlauf sind:

Als man den Zigeuner fragte, warum er nicht auch pflüge, gab er zur Antwort: «Wenn der Pflug wie die Egge wäre und die Egge wie das ganze Feld, würde ich auch pflügen!»

Eine Zigeunerin, der man einen Vorwurf daraus machte, daß sie den Rahm gegessen hatte, den sie erbat, um ihre gesprungenen Lippen zu beschmieren, sagte: «Wenn die Lippen ihn gegessen hätten, wären sie nicht gesprungen!»

«Es ist leicht, zu pflügen und zu hacken; säe, drisch und sammle in den Korb. Schwer ist es, Stricknadeln zu schleppen» — sagte der Zigeuner.

«Mag es trocknen — aber weshalb vertrocknen?» meinte der Zigeuner im Winter, als er seine Fußlappen im Mondschein trocknen wollte, diese aber steifgefroren waren.

Als man einem frierenden und hungrigen Zigeuner die Frage stellte, ob er lieber etwas essen oder sich lieber erwärmen wolle, antwortete er: «Am liebsten würde ich etwas braten».

«Ich bin kitzlig am Hals», sagte der Zigeuner, als man ihm zum Tod durch den Strang verurteilt hatte.

Die Zigeuner tauchen in einer großen Anzahl von serbischen Sprichwörtern und Erzählungen auf. Meist wird von ihnen gesagt, daß sie lügen, zu kleineren Diebereien geneigt und ungläubig usw. sind. So ist in einer Geschichte von einem Zigeuner die Rede, der das zubereitete Nachtmahl aufaß; am nächsten Morgen erzählte er dann eine phantastische Geschichte von einem Hodscha, der gemeinsam mit ihm auf einer seidenen Leiter in den Himmel geklettert war, von wo Mohammed sie herabgelassen hatte. In einer anderen Geschichte ist davon die Rede, daß es einem Zigeuner nicht deshalb übel erging, weil er Zwiebeln aus dem Garten des Fürsten gestohlen hatte, sondern weil er dies nicht zu verbergen gewußt hatte. In einer anderen Geschichte geschieht das Gleiche beim Diebstahl von Getreide bei einem Nachbarn. In solchen Situationen wird der Zigeuner häufig als leichtsinniger, ja sogar dummer Mensch gezeigt. So schwört der Zigeuner in der Geschichte «Der Zigeuner vor dem Kadi» dreimal, daß er kein Hufeisen beim Kaufmann gestohlen habe; als der Kadi dann drei Groschen für die drei Schwüre haben will, zieht der Zigeuner das Hufeisen hervor und wirft es vor den Kadi mit der Behauptung, daß es keinen einzigen, geschweige denn drei Groschen wert sei.

In der Geschichte «Der Zigeuner und die Melone» unterhalten sich der Bauer und der Zigeuner miteinander. So sagt der Bauer:

«Du, Zigeuner, wenn du mich sofort belügen kannst, gebe ich dir eine Melone!»

«Was soll ich mit zwei Melonen, Bauer? Eine genügt mir», antwortet der Zigeuner.

«Eine», habe ich gesagt!

«Gott sei deiner Seele gnädig, zwei hast du gesagt!»

«Du lügst, Zigeuner!»

«Tja, wenn ich lüge, dann gib mir die Melone, die du mir versprochen hast, wenn ich dich sofort belügen kann», sagte der Zigeuner und ging mit der Melone fort.

Die Geschichten der Zigeuner. Es sind weltweit schon mehrere Bücher mit Zigeunergeschichten veröffentlicht worden. Die Autoren jener Bücher stellten fest, daß bei den Zigeunern sehr gerne Geschichten erzählt werden, und daß es bei kaum einem Volke so viele Geschichten gibt wie bei den Zigeunern. Paspati lernte in der Umgebung von Istanbul den Zigeuner Leon Zafiri kennen, der in den Cafés Geschichten erzählte, wie das auch sonst im Osten noch Sitte ist, wo es professionelle Erzähler gibt. Bei diesem notierte er eine große Anzahl von Geschichten. Mit dem Sammeln von Zigeunergeschichten haben sich aber auch noch andere Wissenschaftler beschäftigt; unter ihnen war besonders Rade Uhlik erfolgreich. Die gesammelten Geschichten sind sowohl ihrem Inhalt, als auch den Motiven nach die in ihnen behandelt werden, sehr verschieden. Meistens beginnen sie mit den Worten: Sas kaj sas (es war einmal) und enden mit Sprüchen oder charakteristischen Phrasen.
Die Geschichten der Zigeuner haben meist einen wundersamen Inhalt. Sie handeln von mythischen und übernatürlichen Wesen, aber auch von Tieren und Pflanzen, von Zigeunern, ihrem Alltag und ihrer Vergangenheit. . . .
Entstanden im «Herzen der hundertjährigen Nacht» entdecken wir in diesen Geschichten die Spuren des Zigeunervolkes, seine Ergriffenheit vor Fragen und Problemen, vor denen auch die anderen Völker der Welt verwundert standen. Wenn daher so manche ihrer Geschichten mit ihrem Inhalt und ihren Motiven denen anderer Völker ähnlich sind, so bedeutet das weder daß sie den Zigeunern nicht von altersher bekannt waren, noch, daß sie ausschließlich nur ihr geistiges Eigentum wären. Die Äpfel am weitverzweigten Baum der menschlichen Phantasie sind meistens golden, und deshalb siegt in diesen Geschichten stets das Gute über das Böse; es ist die Wahrheit mächtiger als die Lüge und die Schönheit anziehender als die Häßlichkeit. Man muß versuchen, sich in diese Sehnsucht einzuleben, die man eine allgemein menschliche Weisheit und Schönheit nennen kann und die, von dieser «primitiven Mentalität» geschaffen und geformt, in ihrer ganzen Dramatik das weltweite Geschehen und seine Tragik auch in den Zigeunergeschichten widerspiegelt.
Poesie und Musik. Geschichten, wie immer ihr Inhalt auch sein mag, sind meist nicht tragisch. Auf den Flügeln der Phantasie ist der Mensch in seinen Geschichten immer der Sieger. Er findet sich stets zurecht, findet Verbündete und Freunde unter Menschen und Tieren. Durch Wort und Gebet stimmt er die Götter und Naturgewalten gnädig und durch seine Schönheit bezaubert er die Töchter der Götter, die Feen und andere übernatürliche Geschöpfe. Er spricht alle Sprachen und versteht alle Geheimnisse der Welt. In den Geschichten ist der Mensch der wirkliche Beherrscher der Welt. Dies ist natürlich nicht nur in den Geschichten der Zigeuner, sondern auch in denen aller anderen Völker der Fall.
Zum Unterschied zu den Geschichten sind Poesie und Musik eher schwermütiger, depressiver Natur, weil der Mensch aus dem Volk mit all seinen oft bedrückenden Sorgen ihr Schöpfer ist. Sie sind Ausdruck des schweren Alltags der Zigeuner, deren Leben oftmals von Tragödien überschattet ist. Ihre Poesie und ihre Musik entsprechen daher ihrem Lebensgefühl und sind im Bewußtsein ihrer Tragik geschaffen. Manchmal ist es ein Dialog mit dem Schicksal, mit dem Tod, manchmal eine Lebensbeichte, oder aber der Ausdruck der Verzweiflung, hervorgerufen durch Armut, Hunger und Krankheit. Der Vers beginnt meist mit einem Seufzer oder Aufschrei und endet mit einem Aufschrei oder Seufzer. Die Flügel der Phantasie, die sich in den Geschichten so weit ausbreiten, sind in der Poesie von der Last des Lebens gefesselt.
Demzufolge sind die Gedichte der Zigeuner ohne strahlende Rhythmen und Reime; sie sind einfach, aber immer lebensnah und erschütternd. Manchmal wird in einem Lied alles ausgedrückt — die Tragik des Wanderns, der Abschied von den Liebsten, das böse Schicksal und der Tod. Wie die Biene von Blüte zu Blüte fliegt, so reihen sich in den Gedichten der Zigeuner trübe und erschütternde Bilder aneinander.
«Die breiten, leeren Landstraßen! Irgendwohin führen sie; aber wohin wollen die Zigeuner?» fragt das Lied. «Woher kommen sie? Was beabsichtigen sie? Wen werden sie treffen? Von wem sich trennen müssen?»

Die Unsicherheit, tief wie ein Abgrund, war jahrhundertelang die Bürde dieses Volkes, das den Landstraßen überlassen war. Anderen mochte diese Lebensweise romantisch erscheinen, aber für sie, die diese Lieder sangen, waren die Landstraßen «schwärzer als der Tod».
Die Landstraßen haben «ihre Eingeweide aufgefressen»; auf den Landstraßen haben sie «ihre Augen verloren», die Liebe und den Tod kennengelernt. In der Welt, in der sie leben müssen, scheint nichts nach normalem Maß zu sein. Die schmerzlichen Ängste, die sie ihr Leben lang erzittern lassen, hören erst in der Stunde des Todes auf. Dann erst legen sie sich auf ein Lager, das nach «ihrem Maß und nicht mehr ein fremdes» ist, wie Ivo Andrić in seinem Buch über das «Schicksal des Einäugigen» schrieb. Bis heute schreiben sie in ihren Gedichten ihre Leiden, Buchstabe für Buchstabe und Wort für Wort, auf. Ihr Lied wird aber keiner hören, und wenn es einer hört, wird er es nicht verstehen. Sie sind niemand — und haben niemand zwischen Himmel und Erde.

Der Schmuck ist mannigfaltig und verschiedenartig: Halsketten aus Geldstücken, Ringe an allen Fingern (manchmal auch an Zehen), Armbänder, riesige Ohrringe . . . Das ist eine typisch indische Sitte.

Die Zigeuner sind nicht des «heißen Blutes» wegen Nomaden geworden, wie man das gewöhnlich annimmt. Es war die einzige Möglichkeit, in der fremden Welt zu bestehen — ein Ausweg aus der Aussichtslosigkeit, in welche sie geraten waren.

Fast in jedem ihrer Lieder besingen die Zigeuner den Tod. Sie fühlen das Kommen der letzten Stunde, den «Flug des schwarzen Vogels, der den Menschen mit seinen Wurzeln ausreißt».
In einer fremden Welt lebend, lernten die Zigeuner oftmals den Kerker kennen, was sie im Grunde nie begriffen haben. «Wozu die rohen Strafen?» Um «Klugheit zu erwerben» — müssen da wirklich «der Rücken und die Hände weinen?» Muß «das Herz wie ein trockenes Blatt auf herbstlichem Stiel durch die Rippen schaukeln?» Und was kann man mit dieser durch hartes Bestrafen erworbenen Klugheit anfangen, «wenn sich mein Rücken nie mehr nach einem weggeworfenen Zigarettenstummel, nach einem verlorenen Geldstück oder nach einem abgefallenen Apfel wird beugen können?», fragt der Zigeuner.
Die Zigeuner lieben die Freiheit über alles; aber außer der Freiheit des Wanderns finden sie keine andere auf dieser Erde. In unserer egoistischen Welt der seelenlosen Interessen werden sie ihren Winkel im Wald, auf dem Friedhof suchen müssen. Sie werden weiterhin in einem aus Säcken genähten Zigeunerzelt leben, das für sie wie «aus Gold gestickt» ist, «mit Zimmerchen aus Silber, einem First aus rotem Kupfer, Pfählen aus Zinn und Stricken aus Seidenzwirn». Doch wie der Hunger das Raubtier zwingt, seine Höhle zu verlassen, muß auch der Zigeuner, von Hunger und Armut gequält, aus seinem Zelt kommen. Er wird betteln gehen oder stehlen müssen..... und dann wird er wieder eingekerkert und kommt «zwischen vier kalte Wände wie zwischen vier Schlangen». «Drei Jahre lang wird er eingekerkert sein, und während dieser drei Jahre werden seine Kinder des Hungers sterben müssen».
Wer aber kann dem Zigeuner in dieser «unendlichen Nacht» helfen? Gott?! «Wenn er all seine Gnade gibt und mit siebenundsiebzig Schlüsseln kommt, kann er alle Tore der Kerker aufschließen».
Das Pferd und das Weib sind die große Liebe der Zigeuner; über sie spricht er in vielen seiner Lieder. Die Schlange der Liebe tötet aber auch, wie alles Große auf dieser Welt, für das man bereit ist, zu leiden oder zu sterben.

«Die grüne Schlange der Liebe schläft nicht.
Die grüne Schlange der Liebe kann mich töten.
Meine Liebe war geschmolzenes Gold,
Und der gelbe Mond über dem Zigeunerzelt
Und über deiner Schulter.
Und die Pferdehufe, die über die Schneebahn dröhnen.
Doch ist meine Liebe keine Liebe mehr
Für deine Handflächen und dein Haar.
Für deine Lippen und dein Herz.
Komm, lege deine Hand auf meine Brust.
Die grüne Schlange der Liebe schläft nicht.
Die Schlange der Liebe kann mich töten,
Du Gold meiner Liebe.»

Dieses Motiv der Zigeunerpoesie mit seinem erotisch-tragischen Inhalt hat viele Dichter beseelt, unter ihnen ganz besonders Puschkin und Lorca.
Die Zigeuner sagen von ihren Liedern: «Amare gila si dukhane» (unsere Lieder sind traurig). Dukkham, der Schlüsselbegriff der buddhistischen Philosophie und Psychologie ist also nicht nur in ihrer Sprache, sondern auch in ihrem Verständnis

Die Zigeuner sind ihren Kindern grenzenlos zugetan.
Kräftigt die nomadische Lebensweise den Mutterinstinkt?

für die Welt und das Leben selbst bewahrt. Durch ihn wird die Schöpfungskraft, in welcher der Musik ein besonderer Platz zukommt, von Schmerz und Leid durchdrungen. Nietzsche meinte, daß die Tragödie die Ausdrucksmöglichkeit dionysischer Fähigkeiten eines Volkes sei; der tragische Mythos, aber auch die Musik, entfalten sich in jenem Bereich der Kunst, der jenseits des Apollonischen liegt. Beide lassen die aufregendsten Akkorde der Dissonanzen lieblich verklingen: in beiden kommen schicksalhafte Verkettungen zum Ausdruck, die durch ihre unendlich mächtigen, zauberischen Künste gelöst werden. Beide veranschaulichen durch dieses Spiel, daß selbst die «schlechteste Welt» eine Besserung erfahren kann. Das könnte man auch von der Schöpfungskraft der Zigeuner sagen, in der die Tragödie ihren tiefsten und zugleich höchsten Ausdruck findet.

Zum Unterschied vom Tragischen, das seine Wurzeln im seelischen Bereich hat, ist das Schönheitsempfinden (šukar, šužo) von Äußerlichkeiten beeinflußt und inspiriert. Wenn die Zigeuner von schönen Dingen begeistert und beeindruckt sind, werden sie sagen: «Šukar, kaj jakha xutel». Wörtlich übersetzt heißt das: «Es ist schön, springt vor die Augen». Starke und lebhafte Farben, die für den Geschmack anderer geschmacklos, ja sogar häßlich wirken können, hinterlassen bei den Zigeunern besonderen Eindruck. Im Einklang mit dieser Konzeption der Schönheit und des Schönen kleiden sie sich auch.

Es ist interessant festzustellen, daß es in der Sprache der Zigeuner keinen besonderen Ausdruck für «häßlich» gibt. Unser Wort «häßlich» wird mit dem Wort «najšukar» — «unschön» umschrieben, oder mit Ausdrücken, die einen beschreibenden Charakter haben oder vergleichend sind. Für das Wort «erhaben», um Kants Ästhetik gerecht zu werden, gibt es den Ausdruck «berikano». Anders als Kant finden die Zigeuner aber das Erhabene nur in Gott und in den Menschen.

Über die Musik der Zigeuner haben viele Musikwissenschaftler und Folkloristen geschrieben. In seiner Abhandlung «Die Zigeuner und ihre Musik in Ungarn» vertrat Franz Liszt die Ansicht, daß die Zigeunermusik «originell» sei und einen großen Einfluß auf die ungarische Musik gehabt habe. Diese Meinung Liszts teilten viele Musikwissenschaftler, unter ihnen besonders auch Claude Rostand, einer der letzten Biographen Liszts. Über die Rhapsodien schreibend, meint er, daß sie keineswegs ungarisch, sondern rein zigeunerisch seien, so wie übrigens auch die berühmten Tänze von Brahms, was Liszt unbekannt war.

Diese Ansicht ist nicht allgemein anerkannt worden. Vigué und Gergely behaupten das Gegenteil und Jules Bloch sucht zu beweisen, daß die ungarischen Bauern ihre musikalische Folklore schon Jahrhunderte, bevor die Zigeuner nach Europa kamen, hatten. In neuester Zeit schrieb darüber Bálint Sarosi; auf die Frage, ob es überhaupt eine Volksmusik der Zigeuner gäbe, antwortete er: «Ja; sie wird aber, ganz allgemein gesehen, je nach den Ländern unterschiedlich gestaltet und besitzt viele Gemeinsamkeiten mit der lokalen Volksmusik».

Diese Meinung kann man bis zu einem gewissen Grad verteidigen, man kann sie aber auch ablehnen. Es wäre ein Fehler, die Zigeuner nur allein als Adaptoren und Interpreten des bereits Bestehenden anzusehen. Als bezahlte Musikanten haben sie dies getan und tun es noch immer. Es ist jedoch bekannt, daß die Zigeuner sehr wohl auch ihre eigene Musik haben, die sie in ihrem eigenen Kreis aufführen und die, nach Meinung vieler Sachverständiger, einen außerordentlichen und dauerhaften Wert hat. Ein Zigeuner wird fast immer im Stande sein, eine Zigeunermelodie, ja sogar auch nur die Interpretation eines anderen Zigeuners zu erkennen. Er ist nicht in der Lage, zu erklären, warum dies so ist. Von seinem Instinkt und Musikgefühl geführt, wird er jedoch immer eine Zigeunermusik von einer anderen unterscheiden können. Auch dies ist ein Beweis für die Bedeutung, welche die Musik im Leben dieses Volkes hat.

Es ist allgemein bekannt, welch guten Ruf die Zigeuner als Musiker, vor allem in Ungarn und Rumänien, stets hatten. In Rumänien hatte fast jeder Bojar seine Zigeunerkapelle. Im 19. Jahrhundert war Barbu Lautaru, ein Musiker aus dem Moldaugebiet, den der Dichter Vasile Alexandru in seinen Gedichten verewigt hat, am bekanntesten.

In der Walachei war Cristache Ciolac bekannt, der mit seinem Orchester zur Hochzeit des Königs Carol I und später bei der Hochzeit des rumänischen Königs Ferdinand aufspielte.
Zigeunermusiker nahmen auch an den großen Feierlichkeiten des ungarischen Hofes teil. Michale Brana war der Geiger des Kardinals Csaki; die Namen Bihary, Racz, Danko, Radics, Balog und Csermak werden in der Geschichte der ungarischen Musik erwähnt. Maria Theresia begeisterte sich besonders an der virtuosen Musik des Zimbalisten Banyak, und später genoß der Stehgeiger Imre Magyary große Popularität.
Die Zigeuner waren als Musiker besonders auch in Serbien berühmt; sie nehmen noch heute einen hervorragenden Platz im musikalischen Leben Jugoslawiens ein. Nach überlieferten. Angaben waren die Musiker am Hofe des Fürsten Miloš Zigeuner und im Serbien seiner und auch späterer Zeit sind viele ihrer musikalischen Vereinigungen bekannt, unter ihnen besonders die Mitglieder der Familie Cicvarić aus Šabac. Manche Namen von Musikern und Sängern der Zigeuner gingen auch in die serbische Literatur ein, wie zum Beispiel Koschtana. Außer den erwähnten könnten noch viele bekannte Namen aufgeführt werden; in fast jedem Land haben die Zigeuner als Musiker hervorragende und ehrenhafte Stellungen gehabt.

Eines von vielen Amuletten.

Die Kunst der Zigeuner

Die Kultur und Kunst der Zigeuner scheinen noch in der Wiege zu liegen. Poesie und Musik sind vorhanden, doch die anderen Kunstgattungen deuten sich erst an. Man kann Nikolaj Aleksandrovič Pankow (1895—1959) als Wegbereiter der Literatur der Zigeuner betrachten, denn er ist mit originellen poetischen Dichtungen in der Sprache der Zigeuner und als Autor von Kurzgeschichten aus dem Zigeunerleben hervorgetreten. Seine Gedichte und Geschichten hat er 1927 in der Zigeunerzeitschrift veröffentlicht, die seit dem Jahre 1930 unter dem Titel «Nevo Drom» erscheint. Einige Kritiker, so

«Hör mal zu, Tänzerin! Dein Vater ist gestorben.» — «Wenn er gestorben ist, ist er für sich gestorben. Ich kann aber meinen Tanz nicht unterbrechen».

zum Beispiel S. S. Ignatow, verglichen die Werke Pankows mit Puschkins Poem «Die Zigeuner» und Mérimées «Carmen». Pankow arbeitete mit dem Linguisten Baranikow an einem Wörterbuch der Zigeunersprache und hat auch manches übersetzt.
Alexander Wjatscheslawowič Germano, dessen Vater ein Tscheche und die Mutter eine Zigeunerin aus Böhmen war, hat sich vor allem um die Entwicklung der Literatur der Zigeuner verdient gemacht. Er schrieb Gedichte und Geschichten in der Sprache der Zigeuner und übersetzte Puschkin, Gorki und Werke anderer Dichter aus dem Russischen in die Zigeunersprache. Germano war auch einer der Gründer des professionellen Zigeunertheaters «Roman», das auch heute noch in Moskau wirkt. Bedeutend sind die Werke Germanos: «Bibliographie der Zigeuner von 1730 bis 1930», «Kurze Geschichte der sowjetischen Zigeuner» und «Die Zigeuner in der Literatur (von Derschawin bis Block)».

Die Zigeunermusik hat viele Komponisten begeistert, besonders Franz Liszt. Liszt hat, seinerseits, Ivan Bihari zum Ruhm gebracht und die Echtheit der Zigeunermusik verteidigt. Auf dem Bilde: eine von den vielen Musikkapellen aus Ungarn.

Die Zigeuner in Polen: Spiel »auf Betrug«.

Eine Zeitgenossin von Pankow und Germano war Nina Dudarovo, eine Lehrerin, die aktiv an der Gründung des Zigeunerklubs «Loli čergen» (Der rote Stern) teilgenommen hat; auch sie schrieb selbst und übersetzte. An der Geburt der Kultur der Zigeuner und der Entwicklung ihrer Literatur arbeiteten auch noch Olga Pankowa, Michailo Besludski, Nikolai Satkiewitsch sowie Mitglieder der jüngeren Generation, bekannte Dichter wie Iljko Mazuro, Ivano Romano, Alexander Belugin und andere.
Die Dichterin Bronislawa Wajs-Papusza stellte sich 1948 in den «Nowiny Literackie» vor, und 1956 veröffentlichte sie in Wroclaw (Breslau) einen Gedichtband unter dem Titel «Pieśni Papuszy». In ihren Gedichten berichtet die Papusza von den Leiden der

Zigeuner im zweiten Weltkrieg. Besonders hervorheben sollte man das erschütternde Poem «Ratfale jasfa» (Blutige Tränen).
Eine gewisse Anzahl von Zigeuner-Dichtern ist auch in vielen anderen Ländern (so in Frankreich, Italien, Spanien, Ungarn, der Tschechoslowakei, Bulgarien und Rumänien) hervorgetreten; auch in Jugoslawien hat die Dichtung der Zigeuner eine lebhafte Entwicklung genommen. Ihr höchster Ausdruck ist wohl die Dichtung von Slobodan Berberski. Unter den Prosaikern sind die bedeutendsten Mateo Maximof, Menyhert Lakatos und Andre Lološtje.
Unter anderen Kunstgattungen sollte man vor allem das Theater erwähnen. In Moskau wirkt schon seit Jahrzehnten das Theater «Roman», in Skoplje besteht eine Gruppe von Schauspielamateuren, die schon zwei Zigeunerschauspiele «Soske» (Warum) und «Mauti» aufgeführt hat. Eine ähnliche Truppe wurde auch in Barcelona gegründet.
Auch in den bildenden Künsten geschieht mittlerweile einiges. Im Dorf Bare in Bosnien ist eine Gruppe tätig, die Kunstgegenstände aus Kupfer herstellt. Wie Kritiker meinen, stellen die dortigen Kupferskulpturen eine aufrichtige, naive und ihrer Qualität nach wertvolle Kunst dar. Suzanne de Conenc, Beraterin des Museums der modernen Kunst in Paris meint, daß einige dieser Skulpturen in jedem Museum für naive Kunst überall in der Welt stehen könnten.
Bisher gelang es jedoch nur den Musikern, ihren Platz in der Kunstgeschichte zu erringen. Der berühmte Gitarrist Jango Reinhardt, obwohl Analphabet und ohne Vorbild, spielte Improvisationen voll besonders melodischer Schönheit mit tiefer Ausdruckskraft und einer nicht zu überbietenden technischen Kunst. Dabei sind der kleine Finger und der Ringfinger seiner linken Hand verkrampft, die Folge einer Feuersbrunst, die Jango Reinhardt in seinem achtzehnten Lebensjahr erlebte.
Jean Cocteau sagte, Jangos Gitarre habe eine menschliche Stimme, sie weine und lache; James Jones widmete das ganze zweiunddreißigste Kapitel seines Werkes «From Here to Eternity» Jango, dem «größten Gitarristen der Welt».
Schließlich sollte man auch den berühmten Schauspieler Yul Brynner erwähnen, dessen Mutter Zigeunerin war.

Amulette und Talismane werden auch aus Holz gefertigt.
Dieser stammt aus Mitteleuropa (von J. G. Séruzier entdeckt).

Die Zigeuner und die Kunst

Jahrhundertelang wurden die Zigeuner verachtet und verfolgt, aber ihre Lebensweise und Weltanschauung, ihre Durchhaltekraft und der Trotz, mit dem sie sich allem widersetzten, was die Menschenwürde herabsetzte, hat auf viele Intellektuelle in Europa einen starken Eindruck gemacht. Sie sahen im Leben der Zigeuner ihre Freiheitsliebe, ihren Widerstand gegen die Einseitigkeit und alte Gewohnheiten, den Wunsch nach Neuem und Unvorhersehbarem, die Neigung zum Abenteuer. Ein Zigeuner war seinem Wesen und seiner Lebensweise nach wie «Ulysses» von Joyce.

Die Zeit von Cervantes war die «goldene Zeit» des Zigeunerhelden in Spanien. Der Autor des bedeutenden «Don Quixote» schrieb auch die bekannte Liebesnavelle «Gitanila», in welcher er unter anderem die Weltanschauung der Zigeuner beschrieb: «Der Geist der gitanischen Rasse beschreitet andere Wege als der Geist anderer Rassen. Er geht immer weiter als die Zahl seiner Jahre. Es gibt keinen dummen Zigeuner, keine dumme Zigeunerin. Um ihre Lebensbedürfnisse zu befriedigen, müssen sie erfinderisch, schlau und ängstlich sein. Ihre Bosheit äußert sich bei irgendeiner Gelegenheit, aber sie lassen es nicht zu, daß sie lange währt». Cervantes gibt uns auch ein Bild von den Eigentumsbegriffen der Zigeuner: «Es scheint so, als seien die Zigeuner und die Zigeunerinnen nur deshalb auf der Welt, um zu stehlen. Sie werden von Müttern, die Diebinnen sind, geboren, von Vätern für den Diebstahl erzogen, lernen den Diebstahl und werden schließlich verstockte Diebe. Der Wunsch, zu stehlen und zu betrügen verläßt sie bis zum Tode nicht».

Cervantes hat die Zigeuner anscheinend gut gekannt und neuere Forschungen scheinen zu beweisen, daß er mit ihnen verwandtschaftlich verbunden war.

George Borrow, ein englischer Missionar, hatte sich schon als Knabe zu den Zigeunern gesellt. Er wanderte mit ihnen durch ganz Europa, besonders lange aber weilte er in Spanien. Nachdem er das Leben der Zigeuner kennengelernt hatte, veröffentlichte er 1841 ein umfassendes Werk über die Psychologie der spanischen Zigeuner unter dem Titel «Zincale», das sehr stark das Interesse für die Sprache, die Sitten und das Leben der Zigeuner im heutigen Europa gefördert hat.

Lorcas Interesse für das «harte und primitive» Leben der Zigeuner brachte ihn dazu, 1928 seine «Zigeunerromanzen» zu veröffentlichen, mit denen er einen zu seiner Zeit beispiellosen Erfolg hatte. Sogar dieser Dichter, der eher zögerte, ehe er etwas zur Veröffentlichung freigab, hielt sich mit diesem Buch, wie die Historiker bestätigen, nicht zurück. Er wußte, daß sein Werk richtig war, wie er es geschrieben hatte, und daß es weder etwas zu verbessern, noch etwas hinzuzufügen gab. Er verläßt in diesem Buch den beschränkenden Rahmen eines Gedichtes zu Gunsten einer Form, die sich einer Geschichte nähert. Sein dramatischer Instinkt benötigte einen umfangreicheren Rahmen, als ihn das Gedicht zu bieten hatte. Er fand diesen in der «spanische Romanze», der Ballade, die aus dem vierzehnten Jahrhundert stammt und die von vielen großen bekannten und unbekannten Dichtern immer wieder neu und vollkommener gestaltet wurde.

Das Thema, auf das Lorca seine Aufmerksamkeit bei diesem Werk konzentrierte, sind die Zigeuner und ihr Leben, ein leidenschaftliches, ungezügeltes Leben von Menschen, die sich ihrer heißblütigen Natur stets bewußt sind. Die Zigeuner sind aus der Gesellschaft verbannt und oft im Konflikt mit den Ordnungshütern, die für diesen Dichter das Symbol der Unterdrückung und der Tyrannei sind. So wie es der Dichter sieht, geht es um einen Konflikt zwischen Leben und Tod; es geht um den erhabenen und leidenschaftlichen Drang zur Freiheit und um die unverständliche, dunkle Macht, die sie vernichtet. Es ist ein Konflikt zwischen Liebe und Haß, dem Licht und der Finsternis.

Die Zigeuner heiraten sehr früh. Manchmal bereits im zehnten Lebensjahr!

Lorca kannte viele Zigeuner und hatte mit ihnen kameradschaftliche Beziehungen. Er fühlte sich zu ihnen besonders hingezogen, denn sie erweckten sein Gefühl für geheimnisvolle, magische Mächte und irrationales Handeln, weckten seine Neugier und spornten seine schöpferischen Kräfte an.
«Der prophetische Stamm mit den glühenden Augen» ließ aber auch die französischen Dichter und Schriftsteller nicht gleichgültig: Nodier, Richepin, Hugo, Nerval, Mérimée, Gautier, Baudelaire und andere haben über die Zigeuner geschrieben.
Mérimée hat, wie er selber sagte, seine «Carmen» in acht Tagen niedergeschrieben; viele Literaturhistoriker und Kritiker bezweifeln jedoch die Wahrheit dieser Aussage. Es wird sogar angenommen, daß Mérimée die Idee für dieses Werk fünfzehn Jahre lang in sich trug. Fest steht jedoch, daß sein Aufenthalt in Spanien im Jahre 1830 für seine Entstehung entscheidend war. Damals traf er die Zigeunerin Carmencita (in diesem Namen sind noch indische Spuren erkennbar — Sita) sowie andere ihrer Stammesgenossinen. Zehn Jahre später war der Schriftsteller wieder in Spanien und studierte dort die Literatur über die Zigeuner. Aus dieser und aus persönlichen Kontakten zu Zigeunern fand Mérimée eine Bestätigung für seine eigene pessimistische Auffassung von der Liebe und der Idee von der «femme fatale». (Diese Empfindungen durchdringen

die Poesie der Zigeuner und sind auch bei russischen Dichtern und Schriftstellern festzustellen). Carmen ist zwar keine echte Zigeunerin, aber sie ist bei Zigeunern aufgewachsen und in der Tradition der Zigeuner erzogen. so daß sie um so rätselhafter erscheint. Don José ist zudem kein Spanier, sondern ein Baske. Aus ihrer Verbindung entsteht die Tragödie; Don José verliert die Macht über sich selbst und kommt in die Lage eines Unglücklichen, der im Treibsand versinkt und dessen verzweifelte Bewegungen ihn nur noch tiefer in den Untergang, noch weiter weg von der Rettung führen. Die schöne Carmen, ein mehr amoralisches als unmoralisches Geschöpf, zeigt von Zeit zu Zeit echte Gefühle, jedoch nur für ihre Stammesangehörigen. Sie ist so erzogen und kennt im voraus den Ausgang von Don Josés und ihrer eigenen Liebe. Fatalistisch überläßt sie sich dem Gang der Ereignisse; die Hure und Hehlerin, die auch als solche in ihrer Wildheit und Eigenwilligkeit nicht ohne Edelsinn ist, erwächst zu pathetischer Größe und nimmt lieber den Tod auf sich, als die Fesseln und die Sklaverei einer Leidenschaft, an der ihr Herz nicht mehr teil hat, zu ertragen.

Caravaggio: Wahrsagen (Paris, Louvre)

Mérimée wollte im wesentlichen vor Augen führen, daß «ein jedes Weib bitter wie Galle sei; es habe aber auch zwei gute Stunden, eine davon im Bett, die andere im Tod».
Carmen ist nicht mehr, und der Autor sagt nun durch den Mund des Eremiten: «Armes Kind! Die Kales (Schwarzen) sind schuld, daß du so erzogen worden bist!»
Im vierten, letzten Teil der «Carmen» spricht Mérimée von den Zigeunern: «Spanien ist eines der Länder, in dem sich auch heute noch eine größere Anzahl jener Nomaden befindet, die in ganz Europa zerstreut und unter vielen Namen, Tschergari, Djitani, Gipsy, Zigeuner usw. bekannt sind. Sie führen ein vagabundierendes Leben und wohnen vor allem in den südlichen Gebieten, in Andalusien, der Estramadura, der Gegend von Murcia, aber auch in Katalonien. Die letzteren gehen oft nach Frankreich hinüber, man sieht sie auf allen Märkten des Südens. Die Männer sind meist Pferdehändler, Viehärzte oder sie scheren Maulesel; manche von ihnen reparieren Töpfe und Kupfergeschirr, um nicht von der Schmuggelei und anderen verbotenen Geschäften zu reden. Die Frauen sind Wahrsagerinnen, sie betteln oder verkaufen verschiedene Arzneimittel, die zum Teil nicht unschädlich sind.
Die körperlichen Eigenschaften der Zigeuner sind leichter zu beobachten, als zu beschreiben; wenn man nur einen von ihnen gesehen hat, kann man tausende ihrer Art erkennen. Ihre Gesichter haben einen dunklen, braunen Teint, immer dunkler als der der Einwohner, mit denen sie leben. Ihre Augen, diese merkwürdig schrägen, großen und schwarzen Augen, sind von dichten Wimpern umschattet. Ihr Blick kann mit dem eines Raubtieres verglichen werden; man nimmt in ihm zugleich Mut und Ängstlichkeit wahr und er verrät auf diese Weise den Charakter des Volkes, das zugleich schlau und frech ist, immer aber Prügel fürchtet.
Die Männer sind meist gut gewachsen, schlank und schnell in ihren Bewegungen; ich glaube, ich habe nie einen dicken Zigeuner gesehen. In Deutschland sind die Zigeunerinnen oft sehr schön, was man von den spanischen nur selten sagen kann. Solange sie jung sind, können sie immerhin recht angenehm sein, als Mütter wirken sie eher abstoßend und unappetitlich. Männer und Frauen sind unglaublich schmutzig und wer noch nie das Haar einer alten Zigeunerin gesehen hat, kann sich kaum vorstellen, wie ekelerregend eine solch fettige und staubige Mähne sein kann. In Andalusien und in großen Städten gibt es immerhin Mädchen, die angenehmer sind als die anderen und sich besser pflegen. Für Geld führen sie Tänze vor, die folkloristisch und im allgemeinen nicht üblich sind.
G. Borrow, ein englischer Missionar, der zwei sehr interessante Werke über die spanischen Zigeuner geschrieben und auf Kosten der Biblischen Gesellschaft versucht hat, sie zu bekehren, behauptet, daß ihm nicht bekannt sei, daß eine Djitana je Neigung zu einem Mann gezeigt habe, der nicht von ihrer Art sei. Immerhin übertreibt er ein wenig ihre Standhaftigkeit, denn die meisten von ihnen befinden sich in der Lage der Mißgestalteten des Ovid: Casta quam nemo rogavit! (Sie ist keusch, weil keiner sie mochte!).
Was jedoch die schönen Zigeunerinnen angeht, sind sie, wie alle Spanierinnen, in der Wahl ihres Liebhabers sehr anspruchsvoll und schwer zu befriedigen. Der Mann muß ihnen gefallen und er muß sie sich verdienen. G. Borrow führt als Beweis für ihre Ehrbarkeit ein Ereignis an, das aber in erster Linie seine eigene Ehrenhaftigkeit und insbesonders seine Harmlosigkeit widerspiegelt. Wie er sagt, bot ein Bekannter von ihm, ein Lüstling, einer schönen Djitanin mehrere Unzen Gold an, wurde aber abgewiesen. Als ich diese rührende Geschichte einem Andalusier erzählte, meinte er lachend, daß dies eine schlechte Art und Weise gewesen sei, sie zu erobern, denn einer Zigeunerin Unzen anzubieten sei genau so, als ob man einem Mädchen in einem Wirtshaus zwei bis drei Millionen anbieten würde; hätte der Lüstling zwei, drei Piaster gezeigt, hätte er ganz sicher Erfolg gehabt.
Wie dem auch sei, gewiß ist aber, daß die Zigeunerinnen ihren Männern gegenüber eine ungewöhnliche Anhänglichkeit beweisen. Sie trotzen Gefahr und Not, um ihnen zu helfen, falls dies erforderlich sein sollte. Es scheint, daß der Name Rome (Gemahl), wie sich die Zigeuner mitunter selbst nennen, beweist, wie sehr sie die Ehe achten.

Man kann auch sagen, daß der «Patriotismus» eine ihrer größten Tugenden ist, wenn man die Treue, die sie allen Personen ihrer Art gegenüber zeigen, so nennen kann. Sie sind stets bereit, sich gegenseitig zu helfen und bei gefährlichen Geschäften zu beschützen. Dies ist übrigens bei allen geheimen und ungesetzlichen Gesellschaften auch der Fall.
Vor einigen Monaten besuchte ich eine Zigeunergemeinschaft in den Vogesen. In der Hütte eines alten Weibes fand ich einen Zigeuner vor, der sehr krank war und mit dem Tode rang. Ich erfuhr, daß er mit seinen Gastgebern nicht verwandt war. Er hatte das Krankenhaus, in dem man ihn sehr gut gepflegt hatte, verlassen, um unter seinesgleichen sterben zu können. Er lag schon mehr als drei Monate bei seinen Gastgebern, wo ihm mehr des Guten erwiesen wurde, als den Söhnen und Schwiegersöhnen, die im gleichen Haus lebten. Man hatte ihm ein gutes Bett aus Stroh und Moos mit ziemlich weißen Laken gegeben, während die Familie von elf Mitgliedern auf Brettern schlief. Dies ist zigeunerische Gastfreundschaft. Die gleiche Frau, die sich ihrem Gast gegenüber so menschlich erwies, sagte mir aber dann vor dem Kranken: «Singo, singo, homte hi mulo» (noch ein wenig, noch ein wenig, dann muß er sterben). Das Leben dieser Menschen ist eben so schwer, daß die Ankündigung des Todes nichts Schreckliches für sie ist.
Ein augenfälliger Zug der Zigeuner ist die Gleichgültigkeit der Religion gegenüber. Es ist nicht so, daß sie ungläubig, also Freidenker oder Skeptiker wären, aber sie nehmen ohne Bedenken mit größter Selbstverständlichkeit die Religion desjenigen Landes an, in dem sie leben. Sie tauschen sie auch ohne Weiteres aus, wenn sie ihre Heimat austauschen. Sie sind nicht gläubig im tieferen Sinn; deshalb haben sie auch keine Bedenken, die Gläubigkeit oder besser gesagt, die Leichtgläubigkeit anderer auszunutzen und davon zu leben.
In diesem Zusammenhang ist zu sagen, daß die Zigeunerinnen oft als Wahrsagerinnen auftreten. Sie machen das meistens sehr geschickt und verstehen es sehr gut, den Kummer und die Gutgläubigkeit anderer zu benutzen. Sie verkaufen nicht nur magische Gegenstände und Liebestränke; sie haben zum Beispiel auch Froschpfoten, mit denen man angeblich unbeständige Herzen binden kann. Mit dem Staub von Magnetsteinen kann man die Liebe empfindsamer Herzen gewinnen, und bei Bedarf haben sie sogar die Macht, Geister herbeizurufen oder selbst den Teufel zu zwingen, ihnen bei ihren Geschäften zu helfen. So erzählte mir eine Spanierin kürzlich folgende Geschichte: Eines Tages ging sie sehr traurig und nachdenklich auf den Straßen von Alcala einher. Eine Zigeunerin, die am Rande des Gehsteiges hockte, rief ihr zu: «Meine schöne Dame, euer Liebster ist euch untreu! Wollt ihr, daß ich ihn euch zurückbringe?» Da dies wirklich die Ursache des Kummers jener Dame war, wurde der Vorschlag selbstverständlich mit Freuden angenommen. Wie groß war sofort das Vertrauen zu dieser Person, die mit einem einzigen Blick so tief in die Geheimnisse des Herzens vordringen konnte!
Da man aber schlecht Magie auf einer der belebtesten Straße Madrids betreiben konnte, verabredete man sich auf den nächsten Tag. «Nichts ist leichter, als den Untreuen dazu zu bringen, daß er Euch zu Füßen fällt», sagte die Zigeunerin. «Habt Ihr ein Tuch, einen Gürtel oder etwas anderes, das er Euch geschenkt hat?» Die Frau gab ihr ein seidenes Halstuch. «Näht jetzt mit roter Seide einen Piaster in eine Ecke des Tuches und einen halben Piaster in die nächste; in die dritte Ecke einen Piaster und in die vierte zwei Reale, in die Mitte aber ein Goldstück, oder vielleicht eine Doublone, das wäre noch besser». Die Frau tat, wie ihr geheißen wurde. «Gebt mir jetzt das Tuch, ich werde es genau um Mitternacht zum Campo Santo* tragen; ich sage euch, schon morgen werdet ihr denjenigen sehen, den ihr liebt!» Da die Dame sich schrecklich vor dem Teufel fürchtete und nicht mitkommen wollte, ging die Zigeunerin — angeblich — allein zum Campo Santo. Es bleibt dem Leser überlassen zu glauben, ob die arme verlassene Verliebte ihr Tuch und ihren ungetreuen Freund je wieder gesehen hat. — Mit ähnlichen Tricks gehen die zigeunerischen Wahrsagerinnen in aller Welt vor.

* Friedhof

Über den Sack gibt es Lieder und auch Sprichwörter. Eines lautet: «Am schwersten ist ein leerer Sack«.

Die Zigeuner haben bunte und lebendige Farben gern. ⟶

Trotz ihrer Armut und ihres oft schmutzigen Aussehens genießen die Zigeuner ein gewisses Ansehen bei dem weniger gebildeten Volk und sie sind stolz darauf. Sie fühlen sich als die der Intelligenz nach höhere Rasse und verachten das Volk, das ihnen Gastfreundschaft bietet, aufrichtig. «Das hiesige Volk ist so dumm», sagte mir eine Zigeunerin in den Vogesen, «daß es kein Kunststück ist, es zu betrügen. Vor kurzem rief mich eine Bäuerin von der Straße herein und ich kehrte bei ihr ein. Der Ofen rauchte, und sie bat mich, ein wenig zu zaubern, um ihn zu reparieren. Ich verlangte erst ein großes Stück Speck, dann murmelte ich auf zigeunerisch: «Du bist dumm; dumm bist du geboren und dumm wirst du auch sterben. . .». Als ich dann beim Feuer war, sagte ich ihr in reinstem deutsch: «Wenn du nicht willst, daß der Ofen raucht, solltest du ihn nicht heizen — das wäre am sichersten»! Und dann machte ich mich davon.

Die *Sprache*. Wie wir zu Beginn unseres Buches erwähnt haben, ist die Geschichte der Zigeuner sehr rätselhaft. Man weiß zwar, daß sie als eine wenig zahlreiche Gesellschaft ungefähr zu Beginn des fünfzehnten Jahrhunderts in Ost-Europa auftauchten, aber man weiß nicht, weshalb sie nach Europa gekommen sind und, was noch erstaunlicher ist, wie sie sich in so kurzer Zeit in Gegenden, die weit voneinander entfernt sind, so stark verbreiten konnten. Die Zigeuner selbst haben keinerlei Über-

lieferung darüber, woher sie kamen, und die Tatsache, daß die Mehrzahl von ihnen Ägypten als ihre ursprüngliche Heimat angibt, will nichts besagen. Es kommt nur daher, daß sie eine weit verbreitete Geschichte über sich selbst als richtig angenommen haben.

Die Mehrzahl der Orientalisten, die die Zigeunersprache studiert haben, sind der Ansicht, daß die Zigeuner ihrer Herkunft nach aus Indien stammen. Es ist offensichtlich so, daß eine große Anzahl von Wurzeln und grammatikalischen Formen der Zigeunersprache auch in den Dialekten zu finden ist, die vom Sanskrit abgeleitet sind. Es ist verständlich, daß die Zigeuner im Laufe ihrer langen Wanderungen auch viele fremde Wörter aufgenommen haben. So gibt es in allen Dialekten der Zigeuner viele griechische Worte, zum Beispiel Kokal (der Knochen), Petalj (das Hufeisen), Krafi (der Nagel) usw. Die Zigeuner haben fast so viele verschiedene Dialekte, wie sie in getrennten Horden leben. Sie sprechen überall die Landessprache besser als ihre eigene, deren sie sich nur dann bedienen, wenn sie vor Fremden frei sprechen wollen.

Wenn man die Dialekte der deutschen und spanischen Zigeuner, die seit Jahrhunderten ohne Verbindung sind, vergleicht, wird man dennoch eine große Anzahl von gemeinsamen Wörtern finden, obzwar ihre ursprüngliche Sprache überall sehr verändert ist. Der Grund hierfür ist vor allem die Berührung mit den höher entwickelten Sprachen, deren sich diese Nomaden bedienen mußten. Sowohl die deutsche als auch die spanische Sprache haben die der Zigeuner so sehr verändert, daß ein Zigeuner aus dem Schwarzwald mit einem aus Andalusien kaum sprechen kann, obwohl sie schon nach einigen Sätzen feststellen, daß sie beide Dialekte sprechen, die aus der gleichen Sprache entstanden sind. Meine Nachforschungen haben ergeben, daß einige Worte, die oft gebraucht werden, in allen Dialekten vorkommen; so bedeutet Pani — Wasser, Manro — Brot, Mas — Fleisch, Lon — Salz.

Die Bezeichnungen der Zahlen sind fast überall die gleichen. Der Dialekt in Deutschland scheint mir reiner zu sein als derjenige in Spanien, weil er mehr der ursprünglichen Grammatik bewahrt hat; die Djitanis hingegen haben die grammatikalischen Formen der kastilischen Mundart angenommen. Dennoch gibt es Worte, die eine Ausnahme bilden und die Behauptung über die ehemalige Sprachgemeinschaft bestätigen. Im Zigeunerdialekt in Deutschland bildet man zum Beispiel Formen der Vergangenheit, wenn man der Befehlsform, die immer eine Zeitwortwurzel ist, ein «jum» hinzufügt. In Spanien hingegangen werden alle Zeitwörter wie die kastilischen Zeitwörter der ersten Konjugation gebeugt. Vom unbestimmten «hamar» — essen — sollte man also «hame» — ich aß — machen; von «ljiljar» – nehmen, «ljilje» – ich nahm. Es gibt aber alte Zigeuner, die ausnahmsweise «hajon», «ljiljon» sagen. Andere Zeitwörter, die diese uralte Form beibehalten haben, sind mir nicht bekannt.

Wir sollten aber nicht vergessen, einige Wörter aus dem französischen Argot aufzuzeichnen, welche die dortige Unterwelt von den Zigeunern übernommen hat. Das Argot war früher die Sprache der Bettler und der Diebe und ist in der Zwischenzeit zur französischen Vulgärsprache geworden. So bedeutet das Wort «Schuren» — das Messer; dies ist ein rein zigeunerisches Wort. «Tschuri» ist nämlich eines jener Wörter, das in allen Zigeunerdialekten gleich ist. G. Vidocq nennt die Pferde «Ges»; auch dies ist ein Wort, das dem zigeunerischen «Gras, Gre, Graste, Gris» entnommen ist. Er erwähnt auch das Wort «Romanichel», das im Pariser Argot einen Zigeuner bezeichnet; es ist in dem Wort «Romane Tschave» — Zigeunerbursche — enthalten. Ein anderes Wort ist «Firlimouse», das Uden in seinem interessanten Wörterbuch, das er 1640 schrieb, anführte. «Firla, Fila» bedeutet in der Zigeunersprache das Gesicht; «Mui» hat die gleiche Bedeutung, es ist das lateinische «Os». Die Zigeuner, die wir befragten, verstanden sofort das zusammengesetzte Wort «Firlamuji», das dem Wort «Firmus», das für die Begriffe Antlitz, Aussehen verwendet wird, zugrundeliegt.

Man könnte noch viele Beispiele für die von unseren Kulturen übernommenen Worte aus dem Zigeunerischen anführen, aber wir möchten dieses Kapitel mit dem Zitat aus der «Carmen» schließen: «En retudi panda nasti abela macha» — (Die Fliege kommt nicht in einen geschlossenen Mund).

Ein typisches Bild einer Zigeunersiedlung in den Städten.

Das angeführte Zitat gibt Aufschluß über die Meinung des Dichters von den Zigeunern, es ist aber zugleich auch ein Zeugnis seiner ungenugenden Kenntnis, die trotz seines aufrichtigen Interesses sehr von den Vorurteilen seiner Zeit belastet ist. Auch andere Schriftsteller waren von diesen Vorurteilen beeinflußt; wenn sie über das Leben der Zigeuner schreiben, wollten sie vor allem deren Exotik aufzeigen oder ihre Poesie aufspüren, hatten aber wenig Verständnis für die Menschen selbst, beziehungsweise für die Umstände, unter denen sie leben mußten. Theophile Gautier ist einer der wenigen Schriftsteller, bei dem die echte Liebe für die Zigeuner gegenüber oberflächlicher Pittoreske die Oberhand behalten hat. Sein Werk «Voyage en Espagne» (Reise nach Spanien) aus dem Jahre 1840 zeigt, daß er große Anstrengungen unternommen hat, dieses Volk möglichst genau und wahrheitsgemäß zu zeigen. Er hat die Gitanos aus Monte Sagrado so gezeichnet: «Ihre dunkle Hautfarbe hebt die Klarheit ihrer orientalischen Augen hervor, deren Feuer von einer geheimnisvollen Trauer gemildert ist, als wären sie ein Andenken an die ferne Heimat und die verlorene Größe. Ihre etwas dicken Lippen von kräftiger Färbung erinnern etwas an die Fülligkeit afrikanischer Lippen; die niedrige Stirn und die aufgestülpte Nase verraten, daß sie der selben Herkunft sind wie die Zigeuner der Walachei und Böhmens. . . Fast alle zeigen in ihrer Haltung so viel natürliche Würde, ihr Benehmen ist so frei und sie haben eine so gute Körperhaltung, daß sie trotz ihrer zerrissenen Kleidung, ihrer Armut und Not so aussehen, als wären sie sich des uralten Ursprungs und der von allen Zusätzen freien Reinrassigkeit bewußt. . .».
In Rußland hat neben vielen anderen der berühmte Puschkin die Zigeuner in seinen Gedichten rühmend erwähnt. Auch Maxim Gorki schrieb über sie; nach seiner Novelle

«Makar Tschudra» wurde vor kurzem der Film «Zigeuner fliegen zum Himmel» gedreht. Makar Tschudra, ein alter Zigeuner, sagt darin, wie man leben soll: «Wandere, wandere immerzu; halte dich nicht lange an einem Ort auf — warum solltest du? So wie Tag und Nacht voneinander fliehend um die Erde rasen, so fliehe auch du vor dem Sinn des Lebens, fliehe, um ihn nicht zu hassen. Fängst du an zu überlegen, so haßt du das Leben — so ist es und so wird es immer sein».
Die Philosophie der Zigeuner aufgreifend, sagt uns Gorki durch Makar Tschudra: «Keiner weiß, warum er lebt. . . lebe, um zu leben, das ist alles».
Gorkis Gedanken über die Frau ähneln denen Prosper Mérimées in seiner «Carmen»: «wenn du sie küßt, ist es mit der Freiheit deines Herzens zu Ende. Sie bindet dich mit etwas Unsichtbarem an sich, mit etwas, das du nicht zerreißen kannst — du mußt ihr deine ganze Seele geben». Das ist eigentlich die Lehre, die Makar Tschudra aus der «wahren Geschichte» zieht, in der von der Liebe zwischen Lojko Zobar und der Rada Danilowa berichtet wird. Rada, von wunderbarer Schönheit, liebt ihre Freiheit mehr als den Zobar; Zobar aber liebt sie mehr als seine Freiheit. Er verneigt sich vor ihr bis zur Ende, damit alle sehen, daß ihre Schönheit den tapferen Lojko Zobar gezähmt hat, ein Mann, der mit den «Mädchen spielte wie ein Falke mit den Enten», bevor sie auftauchte. In einer bösen Stunde aber sprach der Stolz aus ihm und sein Messer blitzte.
Tschudra erklärt dies mit der «teuflischen Natur» dieses Mädchens; ähnliche Erklärungen finden wir auch in anderen Werken, in denen die Liebe der Zigeuner beschrieben wird.
Auch deutsche Schriftsteller haben den Zigeunern ihre Aufmerksamkeit gewidmet. *Isabelle von Ägypten* von Achim von Arnim ist eines der repräsentativsten Werke des deutschen «Bohemialismus».

Jedjupka ist eines der frühesten Werke der jugoslawischen Literatur. *Iupka* von Mikscha Pelegrinović aus Hvar (um 1500—1562) entstand um das Jahr 1528 und *Jeghiupka* von Andrija Čubranović wurde 1599 in Venedig beim Verlag von Mara Battitorra gedruckt. Die Sammlung von Čubranović ist erwiesenermaßen nicht von ihm zusammengestellt, sondern zum größten Teil von Pelegrinović übernommen. Die Version von Čubranović ist jedoch dichterisch am besten bearbeitet; durch ihre Lyrik, den optimistischen Ton und ihre liebenswerte Darstellung gehört sie zu den höchsten Errungenschaften der Renaissance. Einige Verse aus dem *Jedjupka* finden wir auch im *Osman* von Gundulić. Die Sammlung hat etwa 600 Verse und ist aus sechs «Ansprachen» zusammengesetzt, deren letzte die längste und zugleich lyrischste ist.
Koschtana von Bora Stanković (1876—1927), das Werk eines serbischen Romanciers, ist das bekannteste über die Zigeuner in der jugoslawischen Literatur. In Vranje geboren, wo von altersher Zigeuner lebten, hat Stanković schon als Knabe das Leben dieser vergessenen, vernachlässigten, verfolgten und erniedrigten Menschen kennengelernt. Unter ihnen lebte auch Koschtana, eine berühmte Sängerin und Tänzerin. Zeitungsberichte bezeugen, daß Koschtana allgemein sehr beliebt war; man versammelte sich, um ihre Lieder zu hören, warf ihr Geld zu und trat in Wettbewerb, um ihre Sympathie zu erringen. Ihretwegen fühlten sich viele junge Frauen vernachlässigt und so manche Ehe war gefährdet. Die Frauen gingen deshalb eines Tages gemeinsam in die Bezirkshauptstadt und forderten, daß Koschtana entweder sofort mit einem Zigeuner verheiratet, oder aber aus Vranje vertrieben werden solle. Koschtana gab dies im Gespräch mit Journalisten nie zu, tatsächlich aber siedelte sie mit ihren Eltern nach diesem Fall in einem anderen Ort, Vranjska Banja, um wo sie 1938 starb. Was für eine Frau war nun Koschtana, beziehungsweise welche Symbolik stellt sie dar? Sie ist die Verkörperung des stürmischen Lebens, der Lust und der verzückten Jugend. Sie ist eine jener Schönheiten, die die Menschen außergewöhnlich anzieht, um sie wie ein Irrlicht in den Abgrund zu führen. Außer ihrer Schönheit und einer wunderbaren Stimme hat Koschtana eine Künstlerseele, ein unbestimmtes Verlangen nach etwas Schönerem, nach einer Gemeinsamkeit mit dem All. Alles, was der Mensch an Wünschen hegt und nie erreichen kann, durchdringt das Wesen und die Seele

der Koschtana. Das Schicksal ist aber den Gefühlen und der Sehnsucht dieser Frau nicht geneigt; in der Stunde, in welcher man sie unter Zwang verheiratet, ist für sie «alles zu Ende».
Ivo Andrić ist ein anderer jugoslawischer Schriftsteller und Nobelpreisträger, in dessen Romanen und Erzählungen vielfach die Gestalten von Zigeunern auftauchen.
Aber nicht nur in der Literatur, auch in der Malerei sind die Zigeuner beachtet worden; so bei Jacques Callot, 1592—1635, der im Alter von zwölf Jahren aus Nancy mit Zigeunern nach Italien entfloh, dem niederländischen Maler Frans Hals, 1580—1666, dem größten Künstler des niederländischen «goldenen Jahrhunderts» und noch einer ganzen Reihe von Malern und Graphikern in aller Welt.
Das Leben und die Musik der Zigeuner haben außer Liszt auch Brahms, Bizet und Bartok inspiriert. Von ihnen ist in einer Anzahl von Filmen die Rede, von denen einer der eindrucksvollsten und künstlerisch vollkommensten der Film «Die Federsammler» von Aleksandar Petrović ist. Dieser Film, der unter dem Titel «Ich sah auch glückliche Zigeuner» vorgeführt wurde, bekam den Sonderpreis der Jury und den Preis der Internationalen Filmkritik auf dem Festival in Cannes 1967. In diesem Film spielen sich die Zigeuner selbst, lediglich die drei Hauptrollen sind Berufsschauspielern anvertraut. Es ist ein Film von der Freiheit, die jedoch in einer Welt, die durch Tradition und Hindernisse psychologischer und gesellschaftlicher Natur begrenzt ist, tragisch wird. Kurzum, es ist ein gnadenloser, blutiger Film, der die große Wahrheit über das Leben der Zigeuner sagt, über Menschen, die im Unterbewußtsein der Gesellschaft, doch im Wissen um ihre große Sensibilität und innere Freiheit leben. So werden sie im nächsten Film von Petrović singen: «Bald geht die Welt unter, aber es macht nichts — es ist nicht schade um sie».

Amulett und Talisman: schafft das Unheil fort, bringt Glück.

Von der Magie zur Poesie

Gegen Augenschmerzen wenden die transsilvanischen Zigeuner Waschungen mit Quellwasser an, dem Safran beigemischt wird. Dazu wird folgendes gesprochen:

Schmerz aus den Augen,
Geh in das Wasser,
Geh in den Safran;
Geh aus dem Safran,
Geh in die Erde;
Geh aus der Erde,
*Geh zu den Pschuvaschie**
Dort sei dein Haus,
Dort ruft man dich zum Schmaus!

Gegen Fieber: Man geht an einen Fluß und wirft neunerlei Holz rückwärts in das fließende Wasser, wobei man diesen Spruch sagen muß:

Fieber, Fieber, weiche von mir,
Wasser, Wasser gebe ich dir!
Kein Freund ich dir bin,
Darum gehe hin,
Wo man dich gesäugt hat,
Wo man dich gepflegt hat,
Wo man dich geliebt hat!
*Maschurdalo*** helfe mir!*

Gegen Gürtelrose wird folgendes getan: Das Blut eines Gimpels wird in einem neuen Gefäß mit abgeschabter Rinde eines Holunderstrauches vermischt und dann auf ein Tuch gelegt, das man um den leidenden Körperteil wickelt; dazu murmelt man folgenden Spruch:

Zwei Augen hab ich,
Zwei Füße hab ich;
Schmerz meiner Nase,
Steig in die Füße;
Steig aus den Füßen
Hinab in die Erde;
Steig aus der Erde
In den Tod.

---

* Pschuvaschie — Erdmenschen, unterirdische Wesen, die unter der Erde ganze Städte bewohnen. Sie sind klein von Gestalt, häßlich, behaarten Körpers und rauben gerne irdische Frauen, mit denen sie sich fortpflanzen. Ihr Leben ist im Ei einer schwarzen Henne verborgen. Wenn jemand dieses Ei ins Wasser wirft, stirbt der Pschuvasch. Es entsteht dabei ein Erdbeben, das die Zigeuner des Pschuvasch Tod nennen.

** Maschurdalos sind Riesen, die sehr viel Fleisch essen, am liebsten jedoch Menschenfleisch. Sie hausen in Einöden und Wäldern, wo sie Menschen und Tieren auflauern. Wer einem Maschurdalo in Not beigestanden hat, wird stets von ihm Hilfe bekommen.

Rot ist die Lieblingsfarbe der Zigeuner. Man sagt, daß diese Farbe ein Symbol des Glücks, der Freude und der Langlebigkeit sei.

←
Die Zigeuner aus Skoplje feiern ihren Festtag mit Tanz und Fröhlichkeit.

Wenn ein Kind in krampfhaftes Weinen zu verfallen pflegt und nicht schlafen kann, nimmt die Mutter einen Strohhalm aus dem Lager des Kindes, steckt den Halm in ihren Mund, und während sie das Kind mit Kuhmist, dem Haare von Vater und Mutter beigemengt sind, beräuchert, murmelt sie:

*Haare, Haare brennen,**
Mist und Haare brennen!
Mit den Haaren und dem Mist
Auch verbrannt die Krankheit ist!

Wenn man den ersten Donner im Jahr hört, muß man ausspucken und diese Formel sagen:

* Wer ein Haar vom Leib eines Pschuvasch erlangt, kann damit Steine in Gold verwandeln. Im allgemeinen sind die Pschuvaschie verträgliche Wesen, nur Frauen und neugeborene Mädchen haben unter ihnen zu leiden. Sie quälen auch gern Tiere und sie sind rachsüchtig; sie bewachen die großen Schätze, die überall in der Erde verborgen sind.

Wo ich bin, komm niemals hin;
In meinem Haus ist immer Feuer;
Ich brauche dich nicht!
Geh dahin sterben,
Wohin dich schickt der große Gott!

Die Frau trinke Wasser, in welches der Mann glühende Kohlen geworfen, oder noch besser, in das er gespuckt hat, und sie sage dazu die Worte:

Magnasco: Zigeunermahlzeit (Florenz, Uffizi)

Wo ich die Flamme bin,
Sei du die Kohle.
Wo ich der Regen bin,
Sei du das Wasser.

Wer unter einem Regenbogen hindurchgeht, kann den, an den er gerade denkt, ewig leben lassen, wenn er sagt:

Unter einem Regenbogen
Bin ich heut gegangen,
Hab sein Herz gefangen.

Am Georgitag fasten die Burschen und Mädchen und essen nur vom Georgikuchen; vor dem Schlafengehen legen sie sich ein weibliches beziehungsweise männliches Kleidungsstück unter den Kopf, damit sie im Traum ihren künftigen Ehepartner sehen können.

Stirbt ein Kind vor der Taufe, also bevor es einen Namen erhalten hat, oder kommt es gar tot zur Welt, so wird ihm der Mund mit Wachs oder Pech zugeklebt, um die Milch seiner Mutter versiegen zu lassen.
Ist ein Mädchen von einem jungen Mann einer anderen wegen verlassen worden, verflucht sie beide mit folgenden Worten:

O Tscharana, diesem Weib,
Geb du einen dicken Leib;
Dick, so wie der dickste Berg,
Doch gebäre sie nur einen Zwerg!
Alle Urmen sollen fliehn,
Nicht heraus ihr Kindchen ziehn!
Unter der Brust hab einen Bauch,
Groß und dick wie des Weines Schlauch!
Eier, tausend und noch zehn,
Sollen in den Bauch dir gehn!
Jene Maid, die mich belogen,
Die mich treulos hat betrogen,
In dem Kot verfaulen mag
Am heiligen Georgitag!
Liegt sie in den Kindesnöten,
Sollen sieben große Kröten
Fressen ihren schwangeren Bauch
Und ihr falsches Herze auch!
Oh, verflucht sei jener Knabe,
Dem geglaubt ich einst doch habe!
Schlange, wohn in seinen Därmen,
Keine Glut soll ihn erwärmen!
Jede Nacht brenn lichterloh
Unter seinem Leib das Stroh!
Die geküßt so oft ich habe,
Diese Lippen fress ein Rabe
Und abfaule seine Zunge
Und vertrockne seine Lunge.

Die Zigeuner und die Inder

Außer in den erwähnten Werken, dem Mahâbhârata und dem Vishnu-purana ist in Indien der Name der Rom, der Zigeuner, nicht bekannt. Es gibt in Indien jedoch viele Zigeunerstämme, die in den Forschungen europäischer Wissenschaftler als Gipsy auftauchen. So stammen zum Beispiel die Pendari von Abenteurern ab, die zu den verschiedensten Kasten gehören und verschiedene Berufe ausgeübt haben. Sie sind vermutlich Überbleibsel des Reiches der Mogule, die sich in keine der lokalen mohammedanischen oder hinduistischen Machtbereiche eingeordnet haben. Ihr Mittelpunkt war Malwi; sie unternahmen Raubzüge durch ganz Indien bis nach Madras und Bombay. Sie hatten eine gut organisierte Armee, die sogar Kanonen besaß. Warren Hastings (1732—1818), Gouverneur von Indien, schlug die Pendari nieder.
Die Linguisten sind der Meinung, daß die Bezeichnung Pendari von pêndhâ — Garbe — stammt; wie ebenfalls angenommen wird, könnte diese Bezeichnung aber auch «die Mäher» bedeuten. Nach einer Volkszählung aus dem Jahre 1911 gab es etwa 6,5 Millionen Pendari. Die Mehrzahl von ihnen spricht die hindustanische Sprache; es ist aber festgestellt worden, daß es auch einen Pendari-Dialekt gibt, der ein Gemisch des Hindustani mit Marati und Radschastani ist.

Trotz allem, heiter und zum Tanz und Scherz bereit.

»Niemand kann mir helfen. Der Tod kommt. Wer wird um mich Leid tragen?«

Bêldarî ist der Sammelname einer Gruppe von Hindu-Stämmen, die von Landarbeit lebt. Beldar bedeutet wörtlich: derjenige, der mit der Hacke, mit dem Bel, arbeitet. Das Wort beldar bezeichnet manchmal aber auch eine eigene Kaste, denn wie bereits erwähnt wurde, sind die Bêldarî aus Bihar und dem westlichen Bengalen drawidischer Herkunft und gehören zu einer Wanderkaste. Die Bêldarî bedienen sich verschiedener Dialekte, in denen die Elemente des Marati und des östlichen Radschastani überwiegen.

Die Großmutter und die Enkelin sind geblieben. Die Erwachsenen, Arbeitsfähigen, des Wahrsagens und der Bettelei kundig . . . werden bei Anbruch der Nacht zurückkommen. Bis dahin wird das Essen schon gekocht sein.

Die *Bamtî* leben vor allem in Bombay und seiner Umgebung. Sie sind auch unter den Namen Gantatschori, Utschlija, Vadari usw. bekannt. Die Mehrheit von ihnen spricht eine Sprache, die eine verdorbene Form des Telugu darstellt. In der Vergangenheit lebten sie hauptsächlich von Raub und Diebstahl, so daß die englischen Forscher sie der «Kaste der Verbrecher» zurechneten.
Die *Bandscharas* sind der Aktion der europäischen Zigeuner beigetreten und haben sich amtlich als Zigeuner deklariert. Der Sitz der Organisation «Allindischer Bandschara Organisationsdienst» ist in Bombay und vor vierzig Jahren von V. P. Naik, einem langjährigen Minister der Makarschatra und Mitglied des Arbeiterkomitees der Allindischen Kongreßpartei gegründet worden. Die Bandscharas sind die zahlreichste Gruppe der Zigeuner in Indien. Sie sind jedoch über fast ganz Indien verstreut — in fast 21 Unionsstaaten. Ähnlich wie die Zigeuner und die übrigen indischen Nomadenstämme tauchen auch die Bandscharas unter verschiedenen synonymen Bezeichnungen auf: Vanajara, Brinjâri, Brujawasi, Laman, Lambani, Lambada, Lobhana, Baladia, Ladenia, Sugali, Gwar, Gavaria, Kangli, Phanada, Shirkiband usw. In der Vergangenheit waren die Bandscharas Transportarbeiter, das heißt, sie transportierten Waren und benützten dazu Büffel, Kamele, Pferde, Maulesel und Elefanten. Über die Berge und durch die Wälder, von Süden nach Norden ziehend, sahen sich die Bandscharas vielen Gefahren ausgesetzt; sie hatten mit schlechtem Wetter, unwegsamem Gelände und mit Raubtieren

Die «weißen» Zigeuner mischen sich nicht gerne mit dem «schmerzen». Das ist — warscheinlich — ein Überbleibsel des Kastenbewußtseins und der Abstammung.

←

Außer dem Zelt, das in Eile zusammengeflickt wurde, waren alle anderen Dinge fremdes Gut. Sie wurden auf Müllhaufen, in Abfalleimern und am Wagesrand gefunden; jetzt sind sie wieder ins Leben zurückgekehrt.

Eine Zigeunerin mit Kind, die einer Zigeunergruppe aus Bosnien (Jugoslawien) angehört.

zu kämpfen und oft wurden sie Opfer von Raubüberfällen. Ohne sie war der Handel praktisch undenkbar. Dank dieser Umstände genossen die Bandscharas großes Vertrauen der indischen Herrscher, vor allem als reisende Händler. Am Anfang bedienten sich auch die Briten ihrer Dienste; nachdem diese aber modernere Transportmittel eingeführt hatten, organisierten sie häufig Angriffe auf die Karawanen der Bandscharas, um diese in Mißkredit zu bringen. Um ihre Autorität zu brechen und das Vertrauen in sie zu schwächen, proklamierten sie die Bandscharas als «Verbrecherbande». Ohne Beruf und ohne Handwerk blieb ihnen nichts anderes übrig, als sich in die Wälder und Gebirge zurückzuziehen. Da sie in ganz Indien verstreut waren, konnten sie sich nicht organisieren und um ihr Recht kämpfen. So leben die Angehörigen dieses Stammes auch heute noch unter schweren materiellen Bedingungen und in großer Not. Nach statistischen Angaben gibt es unter ihnen kaum jemand, der lesen und schreiben kann.

Die Bandscharas haben ihren eigenen Dialekt, dessen Wortschatz dem der Zigeunersprache nahe steht. Sie führen noch immer ein Nomadenleben, bewegen sich in Karawanen oder wohnen in besonderen Siedlungen, die sie Tanda nennen. (Das Wort Tanda gibt es auch in einigen Dialekten der Zigeuner. In Jugoslawien ist dieses

Wort im Dialekt der Zigeuner von Prizren bekannt.) Untereinander reden sie sich, ähnlich wie die Zigeuner, mit «Gor» an; Stammesfremde, die nicht Bandscharas sind, nennen sie «Kor» oder «Cor». Die Wissenschaftler glauben, daß die Bandscharas aus dem Radschastan stammen; sie berufen sich dabei auf die Sitten der Angehörigen dieses Stammes, deren Namen, Gewohnheiten, Folklore usw. auf Rajputu basieren.
Die *Ôdki* sind ein Nomadenstamm, der überall in Indien anzutreffen ist. In Katjavar sind seine Angehörigen Brunnengräber, im Pandschab nehmen sie kleine Landstraßenbauten in Auftrag, sie bauen Kanäle, Eisenbahnen und ähnliches, aber sie bauen auch Häuser; in Matura weben sie. Ähnliche Tätigkeiten üben auch die Ôdki aus, die sich im Süden Indiens angesiedelt haben. Einige Linguisten bringen den Namen Ôdki mit dem Wort «Odda» der Telugu-Sprache in Verbindung, das «Fron-Arbeit» bedeutet. (Ôddevandlu — Kanalgräber). Die Merzahl der Stammesangehörigen leben im Süden des Landes. Sie sprechen, wie die Forscher festgestellt haben, Telugu. Manche Forscher nehmen an, daß sie drawidischer Herkunft seien, andere wieder glauben, daß sie Mischlinge sind.
Die *Lâdi* beschäftigen sich mit dem Verkauf von Bethel (einer Palmensorte), Nüssen, Tabak usw. Zum größten Teil sprechen sie die Radschastani-Sprache, doch haben

Vielleicht ist es so besser als unter dem Zelt.

Die Welt ändern sich, doch was bringen ihnen diese Änderungen?

Die Kessel werden aus alten Metallfässern erzeugt. Die Fässer werden geschnitten und dann wird das Blech mit dem Hammer geformt und verbunden. Die Verzinnung ist die letzte Phase der Herstellung. ⟶

Linguisten festgestellt, daß sie im berarischen Gebiet von Elitschpur einen besonderen Dialekt — lâdsi — sprechen.
Die *Sâsi* sind nach dem «Maßstab» der englischen Forscher ebenfalls ein «Verbrecherstamm». Ähnlich wie die Zigeuner, die Bandscharas und andere Stämme nennen die Sâsi sich selbst mit einem besonderen Namen: Bhattu. Die meisten von ihnen findet man im Pandschab, besonders in den Gebieten Gurdaspur, Amritsar, Lahore, Gudschranvale, Sjalkot und Gudscherat. Je nachdem, wie man in dem betreffenden Gebiet spricht, sprechen sie hauptsächlich Hindustani und Pandschabi und außerdem bedienen sie sich einer Geheimsprache (was noch erläutert werden wird).

Die *Kolhati* sind Seiltänzer und Jongleure in Bombay, Berar und dem Staat Heiderabad. Der Name dieser Gruppe wird mit dem Wort Kolhat — das Bambusrohr — mit dem sie auftreten, in Verbindung gebracht. Die entsprechende Form des Namens auf Kanera ist Kallatiga, was eine Zusammensetzung von Kol-Kol (der Stab) und Stiga (der Spieler) ist. In der Gegend von Bombay nennt man sie Dombari, und untereinander nennen sie sich Bhattu, also genau so wie die Sâsi. Die Kolhati

Die Hetzen dauern noch an. Wer ist dafür verantwortlich?

beschäftigen sich auch mit der Produktion von kleinen Reifen aus Büffelhorn, die an den Stricken der Zweiradkarren angebracht werden, um die Lasten festzubinden; außerdem stellen sie Kämme und Hörner für Schießpulver her. Wenn die Mädchen erwachsen sind, stellt man sie vor die Wahl zu heiraten, oder sich zu prostituieren. Entschließt sich die junge Frau mit dem Einverständnis der Eltern dazu, eine Ehe einzugehen, sorgt man gut für sie und sie wird streng beaufsichtigt. Wählt sie die Prostitution, wird sie dem Rat der Kaste vorgeführt und im Rahmen einer Zeremonie erklärt der Rat sie zur Prostituierten. Sie darf mit den übrigen Kolhati, außer mit ihren eigenen Kindern, kein gemeinsames Mahl mehr einnehmen. Wenn sie alt wird, sorgen ihre nächsten Angehörigen für sie.

Die Kolhati gehören gemeinsam mit den Dekana zur Gruppe der Sansi. Es gibt zwei Stämme, Dukhar Kolhati und Kam oder Pal Kolhati. Die Dukhari beschäftigen sich mit Landarbeit oder dienen als Dorfwächter, die Kami machen Kämme und andere Gegenstände.

Die *Gârodî* sind ein Stamm der Gaukler und Zauberkünstler. Viele von ihnen haben den mohammedanischen Glauben und die entsprechenden Sitten angenommen; sie sprechen das östliche Radschastani oder die Hindustani Sprache.
Andere Nomadenstämme sind die Lhrai, Kanjari, Nati, Gasai, Gulgulia, Domba usw. Als Illustration führen wir hier einige Zigeunerworte und Worte aus einigen dieser Dialekte an:
Die *Zigeuner* zählen: jek, duj, trin, štar, pandž, šov, efta, oxto, inja, deš;
im Dialekt *Ôdki* zählt man von eins bis zehn: ek, don, tin, char, pach, chha, sat, ath, nau, das;
auf *Sâsi:* ek, do, tin, char, panj, che, sat, ath, nau, das;
Kolhati: bek, dhor, ther, nyar, nach, chha, sata, wothā, naw, daha;
Gârodî: ekmu, dulmu, tinmu, chyarmu, pachmu, chhemu, satmu, atmu, naumu, dasmu;
Nati: bek, dhor, pher, chauk, nach, nhe, nath, kot, khanau, khas, usw.

Es ist eine Meisterhaftigkeit Kessel zu erzeugen. Aber wem kann man sie verkaufen?

Die albanischen Zigeuner, die sogenannten «Aschikalis» kennen ihre Muttersprache nicht mehr. Sie kleiden sich wie die Albaner und verhalten sich nach albanischen Sitten.

Zum Unterschied von ihren Volksgenossinnen, hat sie ein glücklicheres Leben gehabt. Auf dem Balde: eine Zigeunerin aus Mazedonien.

⟶

Persönliche Fürwörter in der *Zigeunersprache:* me, tu, vov (voj), amen, tumen, von;
Ôdki: he, tu, su, ami, tami, su;
Sâsi: hau, tau, uh, ham, tam, uh;
Gârodî: me, tu, wo, ham, tum, ye.
Man könnte noch eine ganze Reihe von Wörtern anführen, die mit den einzelnen Worten der Zigeunersprache ähnlich oder sogar identisch sind. Die Dialekte Ôdki, Sâsi und Gasai zeigen gewisse Ähnlichkeiten mit der Sprache der Zigeuner.

Der Verkauf von Tepischen ist ein einträglicher Broterwerb geworden.

Außer der Alltagssprache bedienen sich viele dieser Stämme auch einer sogenannten Geheimsprache, was die Zigeuner ebenfalls tun. Man sollte jedoch bedenken, daß eine solche Art der Verständigung auch von Schichten und Berufen in anderen Ländern praktiziert wurde. In England und Amerika sind es «cant» und «slang»; bekannt ist das «Diebeslateinisch», «Schusterfranzösisch», das «Griechisch der heiligen Julia», «Flash», «Rotwelsch», «Gegro» (in Italien), «Djermani» (in Spanien) usw. All diesen Sprachen ist gemeinsam, daß gewöhnliche Wörter durch Transponieren und den Austausch von Lauten maskiert werden. Die Wörter werden aus verschiedenen Quellen geschöpft (im französischen Argot hat man die Sprache der Zigeuner benützt) und es werden verschiedene sprachliche Figuren und Gedankenverbindungen benutzt.
In Indien bestehen solche Schelmensprachen schon von altersher. Man nimmt an, daß ein solches Argot bei Opferdarbietungen benützt wurde. Um die wirkliche Bedeutung

der Zeremonie zu verbergen und Gegner und Feinde daran zu hindern, diese durch Zaubereien oder Gegenzeremonien zu stören, begannen die Inder, sich heimlich zu verständigen. Dies bezeugen auch einzelne bewahrte Worte wie ayavan (zwei dunkle Wochen), yavan (zwei lichte Wochen), sadba (Tag), sagara (Nacht) sumeka (Mond) — auf zigeunerisch: masek usw. Die Veränderungen und Verwandlungen, die in den alten Sutras vorgeschrieben sind, werden wohl aus ähnlichen Gründen benutzt worden sein, obwohl auch der Wunsch, ein Wort zu vermeiden, das Unglück bringt, eine gewisse Rolle spielte. Die Inder mögen Wortspiele und Sprachrätsel und waren anscheinend begabt, geeignete Mittel zum Verbergen der Sprache zu finden.

So haben die Dalali mit Zahlen und Worten, die die paarweisen Körperteile bezeichnen, eine Sprache geschaffen, die günstig für eine geheime Verständigung im Handel ist. Die Zigeuner verständigen sich auf ähnliche Art und Weise beim Würfel- und Kartenspiel und überhaupt Fremden gegenüber. Die Sâsi benutzen für heimliche Verständigung tibetanische Worte, die Kandschari aus Belgum wiederum arabische. Manche europäische Forscher, besonders Leitner und Grierson sind der Meinung, daß die Nomadenstämme in Indien gemeinsamer Herkunft sind. Sie sprechen eine Sprache, die von einer von drawidischen Rassen benützten Sprache abstammt und die später unter dem Einfluß arischer Sprachen in die Gegend kam, wo

Die Zigeuner tragen verschiedene Benennungen, die sie nach ihre Berufen bekommen haben: Kaldaraschis (Kesselschmiede), Linguraris (Löffelerzeuger), Burgudschijas (Bohrererzeuger), Klintscharis (Nagelerzeuger), Konopljaris (Hanfverarbeiter), usw. in dem Konopljaris-Dialekt ist der Name für Hanf — «kanavi» erhalten geblieben, In anderen Dialekten ist er verforengegangen.

Indien im 11. Jahrhundert

Die Zigeuner erzeugen auch Musikinstrumente. Handtrommeln auf dem Markt ausgestellt →

Schuhputzer — ein traditioneller Beruf.

man dem Marati und dem Radschastani ähnliche Sprachen benutzte. Diese Stämme lebten von altersher auf Nomadenart und suchten beim Vorrücken der arischen Zivilisation Schlupfwinkel auf, wo letztere noch nicht vorgedrungen und ohne großen Einfluß war. Viele Dialekte, die heute in den Bergen von Vindien (einem Territorium, das die Arier von den Nischada besetzt vorfanden) gesprochen werden, haben eine ähnliche Herkunft. Man kann voraussetzen, daß dies die Sprachen der Nachkommen von Nomadenstämmen waren, die mit der Zeit ein seßhaftes Leben begannen.

Der indische Wissenschaftler Divana schrieb auch über die Nomadenstämme in Indien. Wandernde Stämme gab es in Indien von jeher, aber die Art des Nomadenlebens war von den geschichtlichen Umständen bedingt. Wenn vom Pandschab inklusive der nordwestlichen Grenzprovinz Sind, Bahawalpur, Delhi und Teilen des Radschputan die Rede ist, muß man hervorheben, daß die Einfälle von Mahmud Gazni und danach von Tamerlan usw. von entscheidender Bedeutung waren. Die Zeit der großen Emigration dauerte also vom zehnten bis zum vierzehnten Jahrhundert.

Wenn der Zigeuner die Schuhe geputzt und sie glänzend gemacht hat, sagt er gewöhnlich: »Jetzt können sich sieben Zigeunerchen an deinem Fuß spiegeln«.

Die Zigeuner unterhalten sich im Stadtpark.

Georgstag-Fest: auch die Pauke ist mit grünen Blättern verziert.

Es scheint uns aber, daß trotz all dieser Erklärungen das Rätsel noch nicht gelöst ist, denn diese Gebiete, die unter den Schlägen der Eroberer litten, waren nicht nur von Zigeunern, sondern auch von anderen Stammesgruppen besiedelt. Warum aber zog keiner dieser Stämme außer den Zigeunern fort in die weite Welt? Es gibt keinerlei historische Beweise, aber folgende Hypothese ist denkbar: Die Zigeuner wurden vermutlich gewaltsam aus Indien vertrieben. Dafür mußte es gewiß Gründe gegeben haben und bestimmte gesellschaftlich-historische Bedingungen mußten zusammentreffen. Welche? Da die Quellen hierüber fehlen, können wir auch hier nur raten. Es ergibt sich folgende Möglichkeit: Wahrscheinlich waren die Zigeuner zur Zeit der großen Invasion von Gaznivada der unbeugsamste Teil der indischen Bevölkerung, ein Volk, das Widerstand leistete und sich der Macht der Eroberer widersetzte. Als sie vom Feind geschlagen und vertrieben wurden, wollten sie nicht mehr zurück, so wie jener Jüngling im hinduistischen Mythos, der glaubte, der Tod würde ihn nie und nimmer erreichen, solange er nur immer über Berge und Täler, über Flüsse und Abgründe vorwärtsschreiten würde, ohne je einen Blick zurückzuwerfen. Die Zigeuner wurden unterjocht, in einigen Ländern auch versklavt, aber fast immer schätzten sie die Freiheit mehr als alles andere.
Man kann ruhig sagen, daß die Zigeuner heute eine Gewissensfrage Europas, ja sogar der ganzen Welt sind, denn es gibt kaum ein Land, in dem keine Zigeuner leben. Ihre juristisch-politische Lage und insbesondere ihre gesellschaftliche und wirtschaftliche Position ist fast überall gleich. Nach Indien gibt es in Jugoslawien die meisten Zigeuner. Die statistischen Angaben sind sehr unzuverlässig, so daß die Anzahl der Zigeuner hauptsächlich aufgrund alter Volkszählungen und besonderer Forschungen, aber auch mittels Polizeijarteien errechnet wird.

Matisse: Zigeunerin (St. Tropez, Musée de l'Annonciade)
→

Nach solchen Schätzungen leben in Jugoslawien etwa 800000 Zigeuner, in Rumänien an die 700000, in Ungarn etwa 580000, in der Sowjetunion gegen 500000, in Bulgarien um die 450000, in der Tschechoslowakei gegen 380000, in Polen etwa 280000, in Spanien ungefähr 500000. In allen übrigen europäischen Ländern gibt es je zwischen 30000 und 50000 Zigeuner. Inklusive der Zigeuner in Indien, den arabischen und afrikanischen Ländern und dem amerikanischen Kontinent schätzt man sie auf etwa 29 Millionen.

«Meine Sorge, was soll ich mit dir tun?»

Damit die Zigeuner mit allen übrigen Völkern wirklich gleichberechtigt werden, ist nicht nur eine formale Gleichheit notwendig. Um die Jahrhunderte währende Ungerechtigkeit zu kompensieren, das Mißtrauen, die Zweifel, Beleidigungen und Verbrechen, die die «Großen» diesem «kleinen» Volk angetan haben, muß man neben dem Durchsetzen einer tatsächlichen Gleichberechtigung auch jene Ungleichheit beseitigen, die im Leben de facto entsteht.